essentials

essentials liefern aktuelles Wissen in konzentrierter Form. Die Essenz dessen, worauf es als „State-of-the-Art" in der gegenwärtigen Fachdiskussion oder in der Praxis ankommt. *essentials* informieren schnell, unkompliziert und verständlich

- als Einführung in ein aktuelles Thema aus Ihrem Fachgebiet
- als Einstieg in ein für Sie noch unbekanntes Themenfeld
- als Einblick, um zum Thema mitreden zu können

Die Bücher in elektronischer und gedruckter Form bringen das Fachwissen von Springerautor*innen kompakt zur Darstellung. Sie sind besonders für die Nutzung als eBook auf Tablet-PCs, eBook-Readern und Smartphones geeignet. *essentials* sind Wissensbausteine aus den Wirtschafts-, Sozial- und Geisteswissenschaften, aus Technik und Naturwissenschaften sowie aus Medizin, Psychologie und Gesundheitsberufen. Von renommierten Autor*innen aller Springer-Verlagsmarken.

Katrin Keller

Wertschätzende Gesprächsführung in der neuen Arbeitswelt 4.0

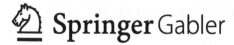 Springer Gabler

Katrin Keller
Koblenz, Deutschland

ISSN 2197-6708   ISSN 2197-6716 (electronic)
essentials
ISBN 978-3-662-68043-8   ISBN 978-3-662-68044-5 (eBook)
https://doi.org/10.1007/978-3-662-68044-5

Die Deutsche Nationalbibliothek verzeichnet diese Publikation in der Deutschen Nationalbibliografie; detaillierte bibliografische Daten sind im Internet über http://dnb.d-nb.de abrufbar.

Planung/Lektorat: Christine Sheppard
Springer Gabler ist ein Imprint der eingetragenen Gesellschaft Springer-Verlag GmbH, DE und ist ein Teil von Springer Nature.
Die Anschrift der Gesellschaft ist: Heidelberger Platz 3, 14197 Berlin, Germany

Das Papier dieses Produkts ist recyclebar.

Was Sie in diesem *essential* finden können

- Wie wertschätzende Gesprächsführung der Schlüssel für eine wirksame Zusammenarbeit sein kann
- Einblick in die Arbeitswelt 4.0 und deren Veränderungen im Kommunikationsverhalten
- Reflexion der eigenen Haltung in Gesprächen
- Facetten von unterschiedlichen Methoden und deren Anwendung im Arbeitsalltag

Inhaltsverzeichnis

Abbildungsverzeichnis

Tabellenverzeichnis

Wertschätzende Gesprächsführung: Schlüssel für eine wirksame Arbeitswelt 4.0

Keine neue Arbeitswelt 4.0 ohne wertschätzende Gesprächsführung!? Wertschätzende Gesprächsführung ist eine Sprache, die verbindet, die Beziehungen so gestaltet, dass jeder davon profitiert – ob live oder remote, ob in einem Unternehmen, einem Krankenhaus, einer Bildungseinrichtung, einer Behörde oder in einer Familie. Es geht um ein respektvolles Miteinander auf Augenhöhe, Zufriedenheit und Sinnerfüllung. Kommunikation als Schlüsselwort bzw. Verhalten sei erwähnt, weil man nicht nicht kommunizieren kann, so Watzlawicks erstes Axiom. Eines ist jedoch gewiss: Es gibt nicht „die" eine Kommunikation oder „den" einen Weg zur wertschätzenden Gesprächsführung. Unter sozialer Kommunikation versteht Paul Watzlawick den Austausch, die Vermittlung sowie die Aufnahme von Informationen zwischen Menschen. Diese Definition besagt, dass Kommunikation gleichgesetzt werden kann mit „Informationsaustausch."

Immer wieder geschieht es, dass Worte trennen, statt zu verbinden! Unser Miteinander bringt Missverständnisse hervor, obwohl wir Verständigung ansteuern. Zahlreiche Konflikte lassen sich durch eine einfühlsame und klare Kommunikation verhindern.

Eine trennende Sprache beinhaltet meist ein Urteil über andere Menschen oder eine Bewertung und Beurteilung, kritisiert z. B. deren Verhalten oder auch anderes. Wir sprechen über Menschen anstatt *mit* Menschen. Der Schlüssel liegt in dem bewusst-reflektierten Umgang mit Sprache, denn Worte sind meist mehrdeutig. Sie kommen häufig in Begleitung von Bewertungen oder sind belegt durch frühere Erfahrungen oder Begegnungen mit Menschen. Das ist bei Sachfragen oft unproblematisch. Geht es jedoch um menschliche Beziehungen, führen diese rasch zu Missverständnissen oder gar Konflikten.

Dieses Buch dient der theoretischen und zugleich anwendungsorientierten Einführung in die Gesprächsführung sowie einem entsprechenden persönlichen, praxisorientierten Training. So kann es als Art „persönlicher Study Guide" verstanden und zugleich genutzt werden. Von wissensbasierten Inhalten geht es immer wieder zugleich in das persönliche Training. Eine zentrale Rolle spielt dabei die persönliche Reflexion und zugleich die bewusste Entscheidung, sich mit dem eigenen Kommunikationsverhalten aktiv zu beschäftigen.

Dabei gilt es grundlegend zu beachten, dass wir in jedem Gespräch drei Betrachtungsebenen haben:

1. die Beobachtung des verbalen sowie non-verbalen Geschehens
2. die Selbstbeobachtung und -reflexion
3. die Interpretation des Verhaltens meines Gegenübers.

Für eine wirksame Gestaltung eines Gespräches ist es bedeutsam, diese Ebenen in Gesprächen auseinanderzuhalten bzw. zunächst bewusst wahrzunehmen und zu reflektieren. Dazu lädt dieses essential mit Wissen und Selbstreflexionseinheiten ein. Es wird Zeit, dass wir uns neu bewusst machen, wie wichtig Kommunikation ist und somit neu organisieren, denn die Zukunft von Führung und Zusammenarbeit ist in der New Work 4.0 präsent.

Anhand prägnanter Reflexionseinheiten erfahren Sie, wie Sie mit einem klaren und zugleich einfühlsamen wertschätzenden Gesprächsstil wirksam Ihre Beziehungen gestalten, Gespräche führen und Konflikte klären können. Entdecken Sie, wie sich Ihr Führungsverhalten verändert, wenn Sie eine werteorientierte Haltung zu Ihrer Stärke machen.

Der Wandel der Arbeitswelt wird insbesondere unterstrichen durch die vier Zukunftsthesen zum Megatrend „New Work" vom Zukunftsinstitut:

- **„Die Sinnfrage wird zentral.**
  New Work bietet die Chance, persönliche Potenziale und Neigungen zu entfalten. Denn in Zukunft wird eine Vielzahl anstrengender, monotoner und repetitiver Vorgänge von Maschinen erledigt. Damit rücken **urmenschliche Fähigkeiten** wie **Kreativität** und **Empathie** wieder in den Fokus. Das Lösen von Zukunftsaufgaben bestimmt das Tun und stiftet einen **neuen Sinn von Arbeit.**
- **Die 30-h-Woche wird das neue Vollzeit.**
  Skandinavische Länder leben in Sachen **Arbeitszeit** schon heute das Arbeitsideal der Zukunft: Weniger ist mehr. Arbeitszeit wird nicht mehr als Wochenkontinuum verstanden, sondern als **flexibles Kontingent,** das sich individuellen Situationen und Lebensphasen anpassen kann. Die 30-h-Woche als Vollzeit macht mitunter **produktiver** und lässt **Krankenstände schrumpfen.**
- **Remote Work macht das Büro attraktiv.**
  Während Remote Work von konzentrierten Deep-Work-Phasen geprägt ist, wandelt sich das **Büro der Zukunft** vom Arbeitsort zum **Hub für Co-Creation und Co-Working,** für reale **zwischenmenschliche Beziehungen** und echte **Unternehmenskultur.** Das Büro der Zukunft ist der Ort, an dem Unternehmenswerte gelebt werden, ein Wir-Gefühl entsteht und an dem gemeinsam Neues geschaffen wird.
- **Work-Life-Blending ersetzt Work-Life-Balance.**

© Der/die Autor(en), exklusiv lizenziert an Springer-Verlag GmbH, DE, ein Teil von Springer Nature 2023
K. Keller, *Wertschätzende Gesprächsführung in der neuen Arbeitswelt 4.0,*
essentials, https://doi.org/10.1007/978-3-662-68044-5_2

Die ewige Suche nach der Balance zwischen Arbeit und Freizeit war stets konfliktbehaftet, denn irgendwas kommt immer zu kurz. Work-Life-Blending entzerrt diese Konflikte: Wo die **Grenze zwischen Arbeits- und Privatleben verschwindet,** können persönliche Bedürfnisse im Tagesverlauf besser berücksichtigt werden. Das schafft nicht nur Entspannung und mehr Lebensqualität, sondern steigert auch die Freude an der Arbeit." (https://www.zukunftsinstitut. de/dossier/megatrend-new-work/, gefunden 20.01.2023)

New Work, was zu Deutsch als „Neue Arbeit" übersetzt wird, ist ursprünglich die konzeptionelle Idee eines Sozialphilosophen namens Frithjof Bergmann.

Bergmann beschäftigt sich seit Jahrzehnten mit der Beziehung zwischen Mensch und Arbeit und gilt als Begründer von New Work (Bergmann 1977). Auslöser für Bergmanns Konzept New Work war eine Bewegung, die in den 80er Jahren als „New Work - New Culture" ins Leben gerufen wurde (Bergmann 1977). Diese Bewegung entstand, weil es zu Beginn der 80er Jahre in den USA zu einer Debatte um geplante Massenentlassungen kam. Zahlreiche Produktionsmitarbeitende sollten aufgrund der Automatisierung durch Computer entlassen werden. Um dem entgegenzuwirken, entwickelte Bergmann ein Konzept für eine neue Form der Arbeit: New Work (Bergmann 1977). Er (1977) hat ein klares Bild davon, wie New Work und die Veränderung der Arbeitswelt sein sollen und erklärt, dass nicht der Mensch der Arbeit dienen sollte, sondern die Arbeit dem Menschen. Unabhängig davon, welche Arbeit geleistet wird, sollen nicht die menschlichen Kräfte aufgezehrt werden und die Menschen an sich erschöpfen. Stattdessen solle Arbeit den Menschen mehr Kraft und Energie verleihen. Arbeit solle folglich „Work that we really, really want" (Bergmann 2019) sein.

Die neue Form der Arbeit, das Konzept New Work, hat also nicht das Ziel, Menschen von Arbeit zu befreien, sondern es zielt darauf ab, Arbeit so zu transformieren, dass sie Personen hervorbringt, die sinnerfüllte und selbstbestimmte Tätigkeiten ausüben, bei denen das getan wird, was der Mensch wirklich tun möchte (Bergmann 2004). Im Ursprung ist New Work also eine soziale Innovation, die darauf abzielt, das zu tun, was den eigenen Kompetenzen am ehesten entspricht. Dabei besteht der Hauptgedanke Bergmanns darin, Arbeitsbedingungen so zu verändern bzw. anzupassen, dass diese den Arbeitnehmenden die Ausführung von zweckdienlichen und persönlich bedeutsamen Tätigkeiten ermöglichen (Bergmann 1996). Des Weiteren ist bedeutsam, dass einzelne Individuen bei ihrer Suche nach Selbstverwirklichung und dem Sinn sowie Wollen in ihrer Arbeit unterstützt werden (Schnell und Schnell 2019). Bergmann hat erkannt, dass reine Lohnarbeit für Mitarbeitende nicht ausreicht und dass es eines alternativen Konzepts (New Work) bedarf (Bergmann 1996).

Heutzutage steht New Work häufig synonym für die Versuche innerhalb eines Unternehmens, zukunftsorientierte Veränderungen zu implementieren, deren Realisierung eng mit digitaler Transformation zusammenhängt (Berend 2018). Dabei wird New Work 4.0 oft als Begrifflichkeit verwendet, ohne dass für diese eine allgemein gültige Definition existiert (Hackl et al. 2017). Ein Grund dafür, dass sich keine einheitliche Definition in der wissenschaftlichen Literatur findet, ist, dass der Forschungsstand zum Themenkomplex New Work 4.0 noch nicht weit fortgeschritten ist (Hackl et al. 2017). Demzufolge gilt der Begriff New Work 4.0 als Sammelbegriff für aktuelle und zukünftige Formen und Veränderungen von Arbeit bei zunehmender Digitalisierung, Globalisierung und auch Individualisierung (Schnell und Schnell 2019).

New Work ist ein englischer Eigenbegriff. Die Ziffer „4.0" steht für die Arbeit im Rahmen der vierten industriellen Revolution, welche sich durch Mobilität, Flexibilität und Vernetzung – oft auch durch Agilität – auszeichnet (Genner et al. 2017). Der Inhalt wird greifbarer, wenn er dem Gegenpol „Old Work" gegenübergestellt wird und Unterschiede herausgearbeitet werden: Hinsichtlich Old Work sind individuelle Wünsche von Mitarbeitenden, beispielsweise nach Gemeinschaft, Bindung und Sinn im Arbeitsumfeld, von untergeordneter Bedeutung. Im Gegensatz dazu finden diese individuellen Wünsche von Mitarbeitenden im Rahmen von New Work große Beachtung (Zimmermann und Holle 2017). Durch deren Berücksichtigung können auch individuelle Bedürfnisse von Mitarbeitenden befriedigt werden (Zimmermann und Holle 2017). Im Rahmen von Old Work sind die Organisationsstrukturen eher vertikal – hierarchisch, in der Regel gibt es dort eine zen-trale Leitung oder zentrales Management. Dabei besteht oftmals eine hierarchische Entscheidungskultur, in welcher der Informationsfluss bottom-up und Entscheidungen top-down erfolgen. In New Work hingegen ist die Organisationsstruktur eher horizontal mit vielen Netzwerken und vielen Beteiligten (Lohmer und Zimmermann 2017). Dazu gehört auch eine hierarchische Kompetenzorientierung. Das heißt, die Probleme werden dort gelöst, wo sie auftreten. Damit einhergehend werden Entscheidungen von denjenigen getroffen, die Know-how und fachliche Fähigkeiten haben (Lohmer und Zimmermann 2017). Zugehörig zu Old Work sind starre Grenzen, sowohl zwischen dem beruflichen und dem privaten Bereich als auch in verschiedenen Unternehmensbereichen oder Unternehmenskulturen. Auch die Führungskräfte agieren starr als Anweisungsgeber, Kontrolleure oder Entscheider. Diese starren Grenzen verschwimmen im Rahmen von New Work. Hier sind ständige Erreichbarkeit, flexible Arbeitszeiten und -orte sowie bereichs- und unternehmensübergreifende Wertschöpfungsnetzwerke vorzufinden. Führungskräfte agieren als interne Coaches, Mentoren und charismatische Identifikationspersönlichkeiten (Zimmermann und Holle 2017).

Im Gegensatz zu bisher gängigen Arbeitsmodellen wird in dem ganzheitlichen Ansatz von New Work 4.0 die Umwelt und deren Einfluss mit aufgenommen, und es sind differenzierte Denkweisen und Handlungsmuster verankert (Väth 2017). Dadurch entstehen auch neue Anforderungen an Führungskräfte, Mitarbeitende und Unternehmen (Hackl et al. 2017). Nach Väth (2017) geht es in New Work 4.0 zum einen darum, Menschen eine berufliche Entfaltung entlang ihrer Stärken und Bedürfnisse zu ermöglichen. Außerdem wird die Gesundheit der Mitarbeitenden und deren Möglichkeit der Selbstentfaltung im Rahmen von New Work 4.0 als Voraussetzung dafür angesehen, die gewünschte individuelle Leistung erbringen zu können (Zimmermann und Holle 2017). Zum anderen geht es darum, Unternehmen an die Bedingungen einer komplexen Arbeitswelt anzupassen und in der Gesellschaft auf einen maßvollen Kapitalismus hinzuarbeiten (Väth 2017).

Ziel von New Work im Kontext der vierten industriellen Revolution ist ein grundsätzlicher Wandel des Verständnisses und der Gestaltung von Arbeit (Hackl et al. 2017). Dabei sollte New Work 4.0 nicht dafür genutzt werden, etwas Altes oder Bestehendes neu zu vermarkten. Das heißt, New Work 4.0 bedeutet nicht, Büroeinrichtungen neu zu gestalten oder Obstkörbe anzubieten, sondern beginnt dabei, dass sich Unternehmen und deren Mitarbeitende im Zusammenhang mit New Work 4.0 neu erfinden und alte Strukturen hinter sich lassen (Grabmeier 2019). Dabei haben Gespräche – Dialoge, Diskurse, Diskussionen – keineswegs an Bedeutung verloren. Das Gegenteil ist oftmals der Fall, vor allem, wenn wir über wertschätzende Gesprächsformen im digitalen Raum sprechen.

Die Wirksamkeit von vertrauensvoller sowie belastbarer Kommunikation im Kontext von New Work 4.0 lässt sich nur schwer identifizieren (Schermuly 2019). Dies ist darauf zurückzuführen, dass nur wenig Erfahrungswissen bezüglich New Work im Kontext der vierten industriellen Revolution und das Kommunikationsverhalten vorliegt (Beha 2019).

New Work 4.0 beschäftigt sich vor allem mit innovativen, zukunftsorientierten Strukturen und der Kreierung eines werteorientierten Arbeitsumfeldes (Fraunhofer n. d.) und somit auch von diversen Formen wertschätzender Kommunikation. Dabei darf einer jeden Person in Organisationen bewusst sein, was die Basis von wertschätzender Gesprächsführung ist. Kommunikation ist dabei Ausdruck menschlich wahrgenommener Wirklichkeit und damit ein Grundelement zwischenmenschlicher Beziehungen. Sie lässt den Austausch von Information zu und ermöglicht so jede Form von Zusammenarbeit mit anderen Menschen. Damit dies wertschätzend gelingen kann, sind Parameter notwendig, die unabhängig vom konkreten Anlass oder dem Inhalt des Kontaktes zwischen zwei oder mehr Personen gelten. Welche das sind, werden in diesem *essential* näher beleuchtet.

Basis einer wertschätzenden Gesprächsführung

3

Als Gespräch wird die verbale Kommunikation zwischen Menschen in verschiedenen, sich verändernden Situationen bezeichnet. Sie bildet eine Form des sozialen Kontaktes und wird unter anderem durch die Rollen der Gesprächspartner und den jeweiligen Kontext (Situation) vorbestimmt. Die persönliche Rolle ergibt sich durch den Charakter, die Geschichte, Einstellungen, Erfahrungen und Motive einer Person. Gesprächsführung gilt als Oberbegriff für die verschiedenen Formen des Gesprächs (Abb. 3.1).

Sie gewinnt in Zeiten der Transformation und Führung – die sowohl face-to-face als auch remote agieren muss – an enormer Bedeutung.

Eine zentrale Rolle bei der Gestaltung von Gesprächskultur und letztlich auch von einer Unternehmenskultur haben Führungskräfte bzw. Management. Management lässt sich Ulrich (1984) zufolge beschreiben als Gestaltung, Steuerung und Weiterentwicklung zweckorientierter, sozio-technischer Organisationen. Heute setzt sich vor allem eine Differenzierung zwischen einem institutionellen und funktionalen Managementverständnis durch. Während institutionelles Management alle Personen, die in einer Organisation leitende Aufgaben erfüllen, umfasst, werden unter funktionalem Management etliche Aufgaben verstanden, die die Leitung einer Unternehmung in allen Bereichen mit sich bringt (vgl. Seufert 2013).

Führung entspricht eher einem institutionellen Verständnis von Management, da damit in der Regel ihre personenbezogenen Aspekte angesprochen werden (vgl. Glatz und Graf-Götz 2011). Gemeint ist damit ein komplexer sozialer Prozess, bei dem Individuen und Gruppen ihr Handeln auf die Verwirklichung vorgegebener Ziele ausrichten (vgl. Alisch et al. 2004). Unter Führungskräften

© Der/die Autor(en), exklusiv lizenziert an Springer-Verlag GmbH, DE, ein Teil von Springer Nature 2023
K. Keller, *Wertschätzende Gesprächsführung in der neuen Arbeitswelt 4.0*, essentials, https://doi.org/10.1007/978-3-662-68044-5_3

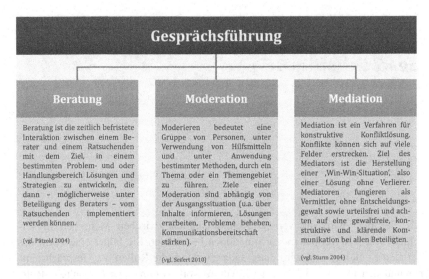

Gesprächsführung

Beratung

Beratung ist die zeitlich befristete Interaktion zwischen einem Berater und einem Ratsuchenden mit dem Ziel, in einem bestimmten Problem- und oder Handlungsbereich Lösungen und Strategien zu entwickeln, die dann - möglicherweise unter Beteiligung des Beraters – vom Ratsuchenden implementiert werden können.

(vgl. Pätzold 2004)

Moderation

Moderieren bedeutet eine Gruppe von Personen, unter Verwendung von Hilfsmitteln und unter Anwendung bestimmter Methoden, durch ein Thema oder ein Themengebiet zu führen. Ziele einer Moderation sind abhängig von der Ausgangssituation (u.a. über Inhalte informieren, Lösungen erarbeiten, Probleme beheben, Kommunikationsbereitschaft stärken).

(vgl. Seifert 2010)

Mediation

Mediation ist ein Verfahren für konstruktive Konfliktlösung. Konflikte können sich auf viele Felder erstrecken. Ziel des Mediators ist die Herstellung einer ‚Win-Win-Situation', also einer Lösung ohne Verlierer. Mediatoren fungieren als Vermittler, ohne Entscheidungsgewalt sowie urteilsfrei und achten auf eine gewaltfreie, konstruktive und klärende Kommunikation bei allen Beteiligten.

(vgl. Sturm 2004)

Abb. 3.1 Gesprächsführung. (Eigene Darstellung 2022)

werden in einem solchen Prozess ernannte, qualifizierte und weisungsberechtigte Personen verstanden, die eine bestimmte Funktion bzw. Position einnehmen und mit spezifischen Aufgaben der Unternehmensführung bevollmächtigt sind (vgl. Becker 2013). Am eindeutigsten lassen sich Management und Führung abgrenzen, wenn man Management als eher technisch orientiertes Instrument zur Steuerung von Aufgaben und Prozessen versteht, wohingegen Führung sich stets auf Menschen bezieht (vgl. McNeil 1987).

Aufgabe von Führungskräften und Management ist es einerseits, als eine Art Multiplikator lernbezogene Werte, Erwartungen und Einstellungen zu vermitteln und andererseits durch eine aktive Unterstützung die Lernbereitschaft der Mitarbeitenden zu fördern (vgl. Sonntag et al. 2004). Diese Unterstützungsleistung hat ausschließlich dann einen förderlichen Charakter, wenn Mitarbeitende in persönlich empfundenem, ausreichendem Maß begeistert werden und in ihrem auf die Zukunft ausgerichteten Bestreben lernen und einen *Sinn* sehen. Dabei ist es zentral, im dialogorientierten Prozess ein Gefühl individueller Selbstbestimmung zu erleben. Sinnstiftende Motivation, die die Eigenverantwortlichkeit des Empfängers berücksichtigt, ist eine grundlegende Angelegenheit wirksamer Führung und notwendiges Element einer wirksamen Gesprächskultur. Ein zentrales Moment ist dabei das Modell nach Carl Rogers vom „Aktiven Zuhören".

3.1 Eigene Haltung im Gespräch: Wertschätzende Gesprächsführung

Einen Königsweg für eine effiziente, effektive und zielgerichtete Kommunikation gibt es nicht. Kommunikation ist durch die Persönlichkeit, Motive und Handlungsbewegungen einer Person charakterisiert. Eine wertschätzende Kommunikation befähigt die beteiligten Individuen zur Entfaltung der eigenen Potentiale, deren Basis die individuelle Haltung der Gesprächspartner zu sich selbst, der Situation und des Gegenübers meint.

Das Thema der Haltung bekommt eine neue Wichtigkeit. Besonderes Augenmerk wird dabei auf die Unterscheidung von einer technisierten Haltung und einer authentisch gelebten Haltung gelegt, die sich im Gespräch durch wertschätzende Techniken äußert. Dabei heißt wertschätzendes Kommunizieren nicht automatisch, dass gesprochen/geredet werden muss, es heißt auch, einen anderen ausreden lassen, ihm Gelegenheit zu geben, sich oder sein Problem zu erklären und von dem Zuhörenden Empathie zu erfahren. Selbstverständlich ist das Ziel des Aktiven Zuhörens' dabei nicht, dem Monolog des Gegenübers zu folgen, sondern anhand bestimmter Fragetechniken und Verhaltensweisen den Konflikt des Gegenübers wahrzunehmen und wertzuschätzen, um so die Funktion des Aktiven Zuhörens zu verstärken. In diesem Zusammenhang werden die Wirkprinzipien wertebasierter Gesprächsführung nach Rogers (2009) aufgeführt. Hervorzuheben ist die hohe Selbstreflektion, die eine wertschätzende Kommunikation charakterisiert und sich unter anderem im *Aktiven Zuhören* widerspiegelt.

Wenn ich aktiv zuhöre, will ich die Kommunikation sachlich und gefühlsmäßig richtig überprüfen bzw. durch den Gesprächspartner überprüfen lassen.
Das Modell nach Carl Rogers (2009) folgt den Schritten (Abb. 3.2): 1) Wahrnehmen; 2) Zuordnen; 3) Abwägen und Beurteilen und erst dann 4) Antworten.

Wann ist Aktives Zuhören angebracht? Das Aktive Zuhören kann eine wertvolle Technik sein, die ich einsetze, wenn jemand mit einem Problem das Gespräch mit der Führungskraft sucht oder sich in einem Konflikt befindet und die Führungskraft ihm helfen kann bzw. will.

Voraussetzungen:

- Ich erhalte Hinweise (nonverbale, verbale oder paraverbale), dass jemand ein Problem hat oder sich in einem Konflikt befindet.
- Ich möchte jemandem helfen, und Zeitpunkt sowie Ort sind günstig.

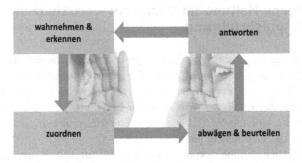

Abb. 3.2 Aktives Zuhören – Rogers. (Eigene Darstellung 2021, in Anlehnung an Rogers 1981)

- Die Probleme und Hinweise des anderen schaffen mir keine eigenen Probleme; ich kann mich dafür öffnen und Verständnis zeigen.
- Ich habe zur anderen Person genügend Distanz, sodass ich ihre Problemlösung, wie immer sie auch ausfällt, akzeptieren kann.
- Ich bin in der Lage, mich auf den anderen einzustellen; es existiert im Augenblick kein so dringendes eigenes Anliegen, das meine Zuwendung beeinträchtigen könnte.

Wann ist Aktives Zuhören nicht angebracht? Das Aktive Zuhören ist dann völlig fehl am Platz, wenn ich selbst das Problem habe oder in einer Konfliktsituation bin.

- Wenn ich über keine verbalen oder nonverbalen Hinweise verfüge, dass jemand ein Problem hat;
- wenn ich einem Menschen in einem besonderen Fall nicht helfen will, weil mir das Problem gleichgültig ist, weil ich in Eile oder beschäftigt bin;
- wenn für mich das Verhalten des anderen unannehmbar ist und ich mich deshalb ärgerlich oder in meinen Gefühlen verletzt fühle (insbesondere, wenn das Verhalten Gesprächsgegenstand sein würde);
- wenn ich an einer bestimmten, für mich wünschenswerten Lösung interessiert bin (dadurch könnte mein Aktives Zuhören durch meine lenkenden Aussagen beeinträchtigt werden);
- wenn ich eigene, schwerwiegende und dringende Probleme habe, die mich präokkupieren und mich davon abhalten können, mich völlig auf den anderen einzustellen;

- wenn die andere Person nur Informationen benötigt, über die ich verfüge;
- wenn ich nicht in der Lage bin, meine Gefühle im Zusammenhang mit der anderen Person oder meiner Situation offen auszudrücken oder ich nicht über meine eigene Situation sprechen möchte;
- wenn die andere Person ihr Problem oder ihre Gefühle so klar und unmittelbar ausdrückt, dass Aktives Zuhören „schulmeisternd" wirken würde und sich somiterübrigt.

Allerdings können auch Herausforderungen beim Aktiven Zuhören auftreten. Welche Erfordernisse wichtig sind, damit Zuhören gelingen kann, werden in Abb. 3.3 aufgezeigt.

Zwischen der Wahrnehmung des Zuhörers und der Absicht des Senders bestehen oft Abweichungen. Zuhörfehler entstehen grundsätzlich durch

- mangelndes Erfassen der sachlichen Zusammenhänge
- mangelndes Erfassen des emotionalen Gehaltes der Information.

Das Vermeiden dieser Fehler verlangt vom Zuhörer volle Aufmerksamkeit und eine selbstkritische Haltung gegenüber eigenen Interpretationen. Wo immer nötig, erfordert es aber auch die eigene Aktivität des Zuhörers: Er muss das Seine

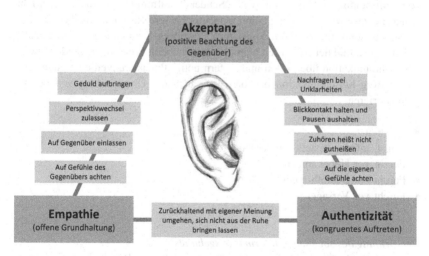

Abb. 3.3 Aktives Zuhören – Rogers. (Eigene Darstellung 2023, in Anlehnung an Rogers 1981)

zur Klärung der Kommunikation beitragen. Selbst aktiv sein heißt im Gespräch: nicht nur zuhören, sondern auch sprechen, nicht nur „empfangen" sondern auch „reden"! *Es besteht die Notwendigkeit der Zweiweg-Kommunikation.* Die Kunst des Redens besteht darin, sich in die Situation des Zuhörers zu versetzen und ihm all das mitzuteilen, was er nicht weiß und auch nicht wissen kann. Die Kunst des Zuhörens besteht darin, sich in die Situation des Redenden zu versetzen, indem man ihm zu verstehen gibt, was man alles nicht weiß, um ihn zu verstehen. Der wesentliche Unterschied zwischen den beiden Positionen ist der: Der Redende will etwas mitteilen, das ihn beschäftigt, sei es Freude, sei es Leid, und er wird sich darauf voll konzentrieren. Der Zuhörer muss ausschalten, was ihn selber beschäftigt und sich ganz auf den Redenden konzentrieren. Er soll ihm vorerst weder widersprechen noch zustimmen, sondern ihm helfen, seine Botschaft möglichst vollständig mitzuteilen, ihm sagen, was er nicht weiß und was er nicht versteht. Mit entsprechenden Fragen, Hinweisen und Rückmeldungen kommt er (und vielleicht auch erst der Redende) nicht nur dahinter, worum es diesem geht, er teilt ihm damit auch gleichzeitig mit, dass er sich dafür interessiert und vermittelt ihm schließlich das befreiende Gefühl, mit seiner Botschaft angekommen und verstanden worden zu sein.

Zweiweg-Kommunikation
Optimale Informationsübermittlung heißt, dass der „Empfänger" die Information vollständig und im Sinn des „Senders" aufnimmt. In dieser Hinsicht bringt die Zweiweg-Kommunikation eindeutig bessere Resultate als die Einweg-Kommunikation (z. B. Monologisieren). Zweiweg-Kommunikation verschafft zudem ein Gefühl der Sicherheit beim Sender wie beim Empfänger: Beide können die Kommunikation überprüfen und, sofern nötig, Präzisierungen erarbeiten.

Zweiweg-Kommunikation bedeutet aber auch die Überwindung von möglichen Barrieren:

- Trägheit
- Angst, infrage gestellt zu werden
- Furcht vor Unbekanntem
- Furcht vor Beeinflussung
- Furcht vor Versagen.

Überprüfung des sachlichen Informationsgehaltes
Werkzeug/Tool: Das Paraphrasieren (Wiederholen der Botschaft mit eigenen Worten).

Durch Paraphrasieren lässt sich das Verständnis des sachlichen Zusammenhangs überprüfen: die Kommunikation wird sicherer. Paraphrasieren ist die einfachste Form von Feedback (= Rückmeldung) im Gespräch. Es gibt Aufschluss darüber, ob die Informationen vom Empfänger (Zuhörer) im Sinne des Senders (Sprecher) aufgenommen und verstanden wurden und ist der erste Schritt zur partnerzentrierten Kommunikation.

Überprüfung des gefühlsmäßigen Informationsgehaltes
Werkzeug/Tool: Das Verbalisieren von gefühlsmäßigen Informationsgehalten
Verbalisieren heißt: nonverbale oder verbal nicht eindeutig geäußerte Gefühle des Sprechers werden vom Zuhörer in Worte gekleidet. Der Zuhörer versucht also, sich in die Lage des Sprechers zu versetzen und angekommene Empfindungen des Gegenübers zu „spiegeln".
Richtiges und falsches Verbalisieren:

richtig:	Gefühl des Sprechenden ernst nehmen und in klarer Sprache beschreiben;
falsch:	Gefühl des Sprechenden werten, be(ver-)urteilen, Gefühl überinterpretieren, Gefühl verneinen, in Frage stellen, oberflächliche Ratschläge erteilen

Zuhörer-Reaktionen, die auch das Verbalisieren von gefühlsmäßigen Informationsgehalten umfassen, geben Aufschluss darüber, ob die Information in ihrem sachlichen, wie gefühlsmäßigen Gehalt richtig und vollständig wahrgenommen und wie sie interpretiert wurde.
Daher gilt folgendes:

- Meine Kommentare enthalten *keine Urteile:*

• richtig/falsch	• vernünftig/unvernünftig
• logisch/unlogisch	• gut/schlecht

- Ich mache den Partner auf von mir bei ihm wahrgenommene Gefühle aufmerksam.
- Der Sender allein urteilt, ob seine Gefühle angemessen oder abwegig sind.
- Er bleibt für die Problemlösung selbst verantwortlich.

Verständnis zeigen heißt nicht automatisch Zustimmung! Vielmehr kann ich den anderen Menschen in seiner Wahrnehmung akzeptieren und empathisch zeigen, dass seine Wahrnehmung in seiner Welt Berechtigung hat.

GESPRÄCHSKILLER

Wenn jemand mit einem Problem und den dazugehörigen Gefühlen zu uns kommt, und wir möchten ihm helfen, haben wir die Tendenz, „einen guten Ratschlag zu geben" oder „Schlüsselfragen zu stellen".

Diese verbreitete Art von Hilfe kann sich insofern kontraproduktiv auswirken, als der Kommunikationsfluss von Seiten der ratsuchenden Person abgeblockt wird, wenn wir folgende Gesprächskiller anwenden:

1. Befehlen, anordnen, bestimmen: „Sie müssen...", „Sie sollen..."
2. Warnen, versprechen, drohen: „Ich rate Ihnen an...", „Wenn Sie es nicht tun, dann..."
3. Moralisieren, predigen, an die Pflicht erinnern: „Es wäre halt besser...", „Sie sollten eben..."
4. Ratschläge erteilen, Vorschläge und Lösungen anbieten: „Ich würde das und das tun...", „Warum nicht so...", „Ich schlage Dir vor..."
5. Durch Logik überzeugen, argumentieren, belehren, dozieren: „Ist Ihnen klar, dass...", „Da liegt Ihr Irrtum...", „Ja, aber...", „Die Tatsache ist..."
6. Urteilen, kritisieren, missbilligen, zurechtweisen: „Es ist verrückt, was Du tust...", „Du denkst nicht klar..."
7. Loben, zustimmen, positiv bewerten, gutheißen, Verwendung des Ausdrucks „Ich auch", „Sie haben gute Arbeit geleistet.", „Sie haben Recht!", „Das gleiche passierte mir auch."
8. Namen austeilen, beschimpfen, lächerlich machen, beschämen, herabsetzen: „Sie arbeiten liederlich...!", „Wer hat Sie überhaupt angestellt...?"
9. Interpretieren, analysieren, diagnostizieren: „Was Sie brauchen, ist...", „Ihr Problem ist..."
10. Beruhigen, Mitgefühl zeigen, trösten, unterstützen: „Machen Sie sich keine Sorgen...", „Es wird wieder besser...", „Das ist nicht so schlimm..."
11. Fragen stellen, ausfragen: „Warum...?; Wer...?; Wie...?"
12. Nicht eingehen auf das Anliegen, ablenken, humorvoll verniedlichen: „Wir können das später besprechen...", „Da fällt mir gerade ein...", „Wann haben Sie zuletzt die Zeitung gelesen...?"

Die Gesprächskiller können unsere Bemühungen um das Aktive Zuhören (Paraphrasieren und Verbalisieren) zunichte machen, weil die ersten fünf „Killer" die Beziehungsebene in folgender Art definieren:

„Akzeptiere meinen Vorschlag; Du bist nicht in der Lage, selbst eine Lösung zu finden." Die Gesprächskiller sechs bis elf besagen im Endeffekt: „Ich weiß, was Du richtig (sehr wenig) und was Du falsch gemacht (sehr viel) hast." oder „Beantworte mir ein paar Fragen und ich werde Dir schnell beweisen...". Das zwölfte Hindernis bedeutet: „Wenn ich mit Dir offen über diese Sache spreche, wirst Du die Nerven verlieren (oder ich). Deshalb muss ich Dich ablenken oder ignorieren!"

Wenn Personen mit Problemen solche Zuhörer-Reaktionen hören, besonders wenn sie verstimmt sind oder unter starken, schmerzlichen emotionalen Einflüssen stehen, sind sie meist nicht mehr in der Lage, über ihr Problem weiterzusprechen oder es zu lösen.

Stattdessen werden sie versuchen, die gesprächsabwürgenden Botschaften zu verarbeiten – entweder durch Argumentation oder durch zumindest äußerliches Nachgeben oder aber sie werden völlig verstummen.

VORAUSSETZUNGEN, DAMIT WIR HELFEN KÖNNEN

1. Aufmerksamkeit: verbal und non-verbal
2. Einfühlung (Empathie): Verständnis zeigen
3. Annahme
   - Ich akzeptiere den anderen als Menschen, der reizbar ist.
   - Der andere muss sich frei fühlen, auch negative (nicht akzeptable) Gefühle zeigen dürfen.
   - Ich kann akzeptieren, dass er wütend ist.
4. Echtheit der Gefühle: Ich muss bereit sein, ihm helfen zu wollen.

REAKTIONEN DER AUFMERKSAMKEIT.

Körpersprache:	Augenkontakt, Nicken, Kopfschütteln, Kopfdrehen, Stirne falten, Augenbrauen hochziehen
Verbal bestätigen:	Ich verstehe, ich begreife, wirklich? Tatsächlich? Erstaunlich! Interessant!

Nachfolgend werden tabellarisch ein paar Einstiegsmöglichkeiten für diverse Gesprächssettings angeboten:

EINSTIEGSMÖGLICHKEITEN FÜR EINE ECHTE UND EINFÜHLSAME ERWIDERUNG

- Sie meinen...
- Wenn ich Sie richtig verstanden habe, meinen Sie, dass...
- Sie haben das Gefühl, dass...
- Mit anderen Worten...
- Ich glaube zu verstehen, dass...

- Wie ich Sie verstehe...
- Sie denken, dass...
- Sie glauben, dass...
- Von Ihrem Standpunkt aus...
- Es scheint Ihnen...
- Sie sind... (das Gefühl aussprechen, z. B. verärgert, traurig, überglücklich)
- Aus Ihrer Sicht...

*EINSTIEGSMÖGLICHKEITEN FÜR DIE   KLÄRUNG DESSEN,   WAS DER
SENDER MEINT ODER UM BEREITSCHAFT FÜR AKTIVES ZUHÖREN ZU FÖRDERN*

- Habe ich Sie richtig verstanden? Sie...
- Lassen Sie sehen, ob ich Ihnen folgen kann! Sie...
- Ich habe den Eindruck...
- Trifft es zu, dass...
- Gehe ich recht in der Annahme, dass...
- Ich frage mich, ob...
- Sagen Sie mir, wenn ich mich irre, aber...
- Könnte es sein (vorkommen), dass...
- Ich glaube, Sie richtig verstanden zu haben...
- Von meinem Standpunkt aus...
- Es hört sich an, als ob Sie... (dieses oder jenes Gefühl haben)
- Irgendwie habe ich das Gefühl, dass...
- Ist es so, wie ich Sie verstehe? Sie...
- Gefällt Ihnen die Idee...

EINSTIEGS-AUFMUNTERUNG
Unterstützung signalisieren

- Kann ich Sie hier unterstützen?
- Möchten Sie darüber sprechen?
- Wie ist das eigentlich mit diesem Problem?
- Ich würde gerne Ihre Meinung wissen!
- Würde es Ihnen helfen, wenn wir darüber reden?
- Ich hätte Zeit, mit Ihnen einmal dem Problem nachzugehen

VERSTÄNDNIS BEKUNDEN
„Einfühlung", „Annahme"

- Ich verstehe, wie Du fühlst...
- Ich höre, was Dich bewegt...
- Ich begreife, dass Du so handelst...
- Ich bin interessiert, ob Dir Deine Lösung gelingt...
- Mir ist klar, wo Du jetzt stehst...
- Ich versuche, Dich nicht zu verändern...
- Ich urteile nicht über Dein Verhalten...
- Du brauchst keine Angst vor mir zu haben...

Aktives Zuhören will trainiert werden und doch können trotz Reflexion sowie Training folgende Fehler beim Aktiven Zuhören auftreten:

- Den Partner durch (versteckte) Lenkung zu manipulieren versuchen
- Zuhören ohne einfühlendes Verständnis
- „Tür öffnen" und dann „zuschlagen"
- Ständig gleichbleibende Reaktionen des Zuhörers
- Nachplappern
- Aktives Zuhören zur falschen Zeit

Abschließend soll ein Versuch der Zuhörer-Kategorisierung erfolgen, doch sei vorweggesagt, dass es keine analytische und somit klare Trennung oder gar Zuordnung geben kann. Im Alltag finden wir meist eine bunte Mischung, und dann ist es wirksam, in der Situation eine Art Toolbox zu haben, um adäquat reagieren zu können.

„NICHT- ZUHÖRER"

- Spricht unentwegt
- Kann gar nicht zuhören
- Drängt sich stets in den Mittelpunkt
- Muss immer das letzte Wort haben
- Hat kein Interesse an den Mitteilungen anderer
- Er weiß alles. Warum sollte er zuhören?

DER ASSOZIATIVE ZUHÖRER

- Springt gedanklich aus dem sachlichen Zusammenhang der Sender-Aussage
- Stellt Verbindungen mit Elementen aus anderen Bereichen her

- Sogenannte „Reizwörter" (emotional besetzte, d. h. mit eigenen Gefühlen, Vorstellungen verknüpfte Wörter oder Inhalte) in der Sender-Aussage dienen ihm als Ausgangspunkt für die Assoziationen

DER OBERFLÄCHLICHE ZUHÖRER

- Will alles leichtnehmen, geht selten in die Tiefe
- Hört nur bei angenehmen Mitteilungen zu
- Klemmt provozierende Situationen ab
- Hört gerne Banalitäten und Schmeicheleien, setzt sich mit täglicher Kleinarbeit ungern auseinander
- Betrachtet persönliche Dinge nicht als Gesprächsgegenstand
- Antwortet mit Kopfnicken, anstatt sich zu äußern

DER „INTELLEKTUELLE" ZUHÖRER

- Gleicht dem unaufrichtigen Zuhörer, aber in seinem Verhalten ist mehr Planung, mehr Sicherheit, mehr Überzeugungskraft
- Bemüht sich, mit dem Verstand zu erfassen, übergeht Emotionen
- Hört nur das, was er gerne möchte
- Denkt nur daran, welche Antwort er geben wird
- Hört nur Worte, aber nicht die Absicht, die dahintersteckt
- Wirft freigebig mit Fakten und Statistiken um sich
- Hat Vorliebe für Wortklaubereien
- Bringt den Dialog dorthin, wo er sprechen will

DER ANALYTISCHE ZUHÖRER

- Ist bestrebt, gedanklich im Sachzusammenhang der Sender-Aussage zu verbleiben
- Wendet die Verhaltensweisen des Aktiven Zuhörens an
- Überprüft aber darüber hinaus den sachlichen Info-Gehalt auf seine Stichhaltigkeit

DER PASSIVE ZUHÖRER

- Extremfall des oberflächlichen Zuhörers
- Ist nur an oberflächlicher Konversation interessiert
- Sieht durch den Sprechenden „hindurch"

- Hat Angst, sich als Sprecher oder als Zuhörer zu engagieren, weil er glaubt, Schweigen bewahre den Frieden
- Schließt gerne mit Redewendungen („Das ist alles, was ich zu sagen habe")
- Verbirgt seine wahren Gefühle
- Nimmt Kritik übel. Ruhe ist wichtig. Verzichtet deshalb gerne auf Information

DER UNAUFRICHTIGE ZUHÖRER

- Tut, als sei er von dem, was gesagt wird, völlig in Anspruch genommen
- Hört aufmerksam zu, aber nur äußerlich
- Kann es kaum erwarten, sein eigenes Licht leuchten zu lassen
- Ist ein defensiver Zuhörer
- Gibt Antworten, die fast immer passen
- Hört nur Details und löst sie aus dem Zusammenhang, um andere zu überlisten
- Achtet nur auf Worte, nicht auf Gefühle

Damit Aktives Zuhören gelingen kann ist, zusammenfassend folgendes zu empfehlen:

- Beiträge anhören und nicht killen;
- paraphrasieren (mit eigenen Worten Kern der Aussage wiedergeben);
- verstärken;
- Fragen stellen;
- sich in die Situation des andern einfühlen;
- auf Gefühle hören, Empfindung des anderen verstehen;
- verbalisieren (Gefühlsgehalt erfassen, Verständnis bekunden, Anteilnahme),
- den anderen ernst nehmen, ihn als Person respektieren;
- Sichtweite oder Einstellung des anderen akzeptieren;
- non-verbal: interessierte Zuwendung in Körperhaltung, Augenkontakt;
- Zeit zum Zuhören nehmen.

Doch wie sieht es aus, wenn es *schwierige Situationen* gibt? Denn problembeladene Situationen entstehen überall dort, wo Menschen zusammen sind. Entscheidend ist in jeder Situation die Art und Weise, wie die Beteiligten damit umgehen. Probleme, Meinungsverschiedenheiten, Spannungen und Konflikte entstehen, wenn eine Situation unterschiedlich wahrgenommen und interpretiert wird.

Diese Differenz in der Interpretation kann aus verschiedensten Gründen resultieren. Vielleicht sprechen die beteiligten Personen verschiedene „Sprachen", obschon sie dieselbe Sache meinen, vielleicht interpretieren sie dieselbe Sache in einem anderen Bezugsfeld, nach anderen Prioritäten, persönlichen Wichtigkeiten etc.

BEISPIELE

- Die persönliche Wirksamkeit im Homeoffice ist höher als im Office.
- Das Budget kann bereits zur Hälfte verbraucht sein, oder es ist noch die Hälfte des Budgets da.
- Eine Treppe kann hinauf oder hinunter führen.
- Je nach Situation und persönlicher Wahrnehmung ist ein Kreis groß oder klein.

Viele Konflikte entstehen auch, weil Sach- und Personenbezüge verwechselt oder gar vermischt werden. Die Führungskraft kann einem Mitarbeitenden eine Anregung geben und der fasst dies als persönliche Kritik auf. Es ist kaum zu entscheiden, wer „recht" hat, denn die Gefühle jedes einzelnen Menschen haben Berechtigung. Es geht vielmehr darum, mit solchen Problemen, Spannungen und/oder Konflikten adäquat umzugehen.

Gefühle haben wir immer, sie werden kommuniziert, ob wir reden oder nicht. Watzlawik sagt: „Man kann nicht nicht kommunizieren."

Wenn Kommunikation Verhalten ist, gehören deshalb Emotionen untrennbar zu unserem Verhalten dazu, denn unser Verhältnis zu Menschen oder Dingen ist immer auch gefühlsmäßig geprägt.

Diese Äußerung gewinnt zudem an Bedeutung und Tragweite, wenn wir uns vergegenwärtigen, dass jede Kommunikation einen Sach- (Inhalts-) sowie einen Beziehungs- (emotionalen) Aspekt hat, auch dann, wenn wir uns noch so sehr um Sachlichkeit bemühen.

Es gibt Situationen, in denen wir Gefühle herunterspielen und unterdrücken und andere, in denen wir sie überspielen oder gar(emotional) übertreiben.

Ebenso gibt es Situationen, in denen wir mit starken Gefühlen von anderen konfrontiert werden, z. B. Situationen einer Überhitzung der Gefühlssphäre, einer emotionalen Überladung, wo andere unserem Empfinden nach überreagieren, dekompensieren, unbeherrscht werden und wir „peinlich" berührt sind, nicht so recht wissen, was wir mit einem solchen Gefühlsschwall anfangen sollen oder solche Reaktionen als unbeherrscht, unverhältnismäßig etc. verurteilen. Wir wissen das aus unserer alltäglichen eigenen Erfahrung.

Unbestreitbar hat die Forderung nach einem freieren, offeneren, konstruktiven Gefühlsausdruck etwas Wahres und stellt einen möglichen Prozess dar, um Störungen in der zwischenmenschlichen Kommunikation zu verringern. Je nach

Situation sieht sie selbstverständlich auch anders aus, und zudem sind die ganz verschiedenen Gefühle (Freude, Angst, Trauer, Zuneigung, Hass, Wut etc.) zu berücksichtigen.

Effektive Problem- und Konfliktlösungen können dann resultieren, wenn

- alle Beteiligten anerkennen, dass verschiedene Interpretationen und Sichtweisen einer Situation durchaus möglich sind;
- alle Beteiligten ihre eigene Sicht *nicht* absolut setzen;
- ein gemeinsamer Interpretationsrahmen entwickelt werden kann.

Dieser gemeinsame Standpunkt (Fokus, Referenzrahmen) kann möglicherweise vom kleinsten gemeinsamen Nenner aus entwickelt werden. Es ist aber auch möglich, dass ein ganz neuer Rahmen geschaffen werden muss (Reframing).

Ziel dieser Strategien ist, dass alle beteiligten Personen zum Schluss mehr erreicht haben als dies durch einen Sieg über die andere Partei, durch Flucht vor dem Konflikt oder durch Kompromiss möglich gewesen wäre.

Als vertiefende Reflexion zum ersten Wirkprinzip Rogers, dem „In-Kontakt-Kommen", welches unter anderem die Technik des ‚Aktives Zuhörens' fokussiert, wird angefügt: Stellen Sie sich folgende Situation vor – wie würden Sie reagieren? Was würden Sie möglicherweise verändern nach den Ausführungen zum Aktiven Zuhören?

Mitarbeitende:	Also, ich muss schon sagen, mit der Maßnahmenliste haben Sie echt Mühe
Leitung:	Es scheint, dass Sie mit Ihren Maßnahmen überfordert sind
Mitarbeitende:	Nein, gar nicht
Leitung:	Irgendwie scheint Ihnen die ganze Arbeit nicht angemessen zu sein, und das verwirrt Sie
Mitarbeitende:	Mit einer beratenden Unterstützung käme ich weiter – aber so…
Leitung:	Sie tönen ja ziemlich entmutigt
Mitarbeitende:	Bin ich auch. Wissen Sie, man hat mir in meiner Abschlussklasse die besten Chancen auf Erfolg vorausgesagt. Und nun stehe ich da und bekomme die Arbeit nicht gemacht aufgrund dieser ständigen Liste
Leitung:	Sie sind in Ihren Erwartungen enttäuscht
Mitarbeitende:	Genau das! Ich dachte, ich könnte Berge versetzen, und heute bin ich 30 Jahre alt und habe überhaupt noch nichts erreicht – wegen der ständigen Dokumentation
Leitung:	Sie sind so entmutigt, dass es Ihnen scheint, als hätten Sie in Ihrem Leben noch nichts Bedeutendes geleistet

(Fortsetzung)

(Fortsetzung)

Mitarbeitende:	So schlimm ist es auch wieder nicht. Aber letzte Woche hatte ich meinen dreißigsten Geburtstag und da wurde mir plötzlich bewusst, dass ich kein Kind mehr bin. Ich bin nun wirklich „erwachsen" und gehe den mittleren Jahren entgegen
Leitung:	Ihre Perspektive hat sich plötzlich verändert, und das hat Sie ein bisschen schockiert
Mitarbeitende:	Allerdings! Ich glaube, manchmal hält man über Jahre an einem Bild fest, das man einmal von sich gemacht hat, und merkt nicht, dass man sich im Laufe der Zeit verändert hat – und plötzlich die Erkenntnis: So bist du ja gar nicht!
Leitung:	Sie finden, dass das Bild plötzlich nicht mehr auf Sie passt
Mitarbeitende:	Ja. Ich hatte immer diese Vorstellung, dass ich mit 35 sinnvoller und wirksamer tätig wäre
Leitung:	Sie sahen sich mehr am Menschen bzw. in der Beratung, hm?
Mitarbeitende:	Nun gut, wirklich erwartet habe ich das alles nicht, aber ich hätte doch gedacht, dass ich mehr erreichen würde. An meinem dreißigsten Geburtstag wurde mir plötzlich klar, dass ich alles Mögliche auf „später" aufgeschoben hatte Ich hatte eine Menge Ideen in Bezug auf unsere Arbeit, und ich wollte einen Vorschlag ausarbeiten
Leitung:	So sind viele Dinge, die Sie wirklich tun wollten, hinausgezögert worden
Mitarbeitende:	Ja, alles wollte ich etwas „später" in Angriff nehmen. Manchmal glaube ich, dass mich die Angst vor Misserfolg zurückhielt bzw. mir der Mut fehlt, die Bürokratie zu lassen. Ich fürchtete, meinen eigenen Anforderungen nicht zu genügen
Leitung:	Ihre Angst vor Misserfolg hindert Sie sogar daran, es auch nur zu versuchen
Mitarbeitende:	Das könnte sein, obwohl es mir ziemlich albern scheint, wenn ich die Sache so betrachte. Wahrscheinlich erwartete ich zu viel, als ich die Hochschule verließ, sodass eine Enttäuschung ja kommen musste. Ich wette, dass ich viel besser arbeiten würde, wenn ich nur „ich selbst" sein könnte. Es wäre wirklich komisch, wenn ich meine Erwartungen abbaute und sie dadurch schließlich doch noch erfüllen würde …

Wenn Sie der Vorgesetzte gewesen wären, wie aktiv haben Sie zugehört? Nehmen Sie dieses Beispiel oder versetzen Sie sich in eine kürzlich durchlebte Gesprächssituation. Wenn Sie dies vor Ihrem geistigen Auge haben, dann durchlaufen Sie gerne die nachfolgende Reflexionseinheit (Tab. 3.1).

REFLEXION „KANN ICH AKTIV ZUHÖREN?"

Mit dieser Reflexion bekommen Sie einen Anhaltspunkt, ob Sie die Technik des Aktiven Zuhörens befolgen. Sie können die Reflexion auch als Selbstcoachingtool nutzen, um Ihre Zuhörfähigkeit zu verbessern.

Wenn jemand redet, ...	Normalerweise	Manchmal	Selten
... überlege ich, wie bzw. was ich antworten werde	☐	☐	☐
... halte ich Augenkontakt mit dem Sprecher	☐	☐	☐
... notiere ich mir Aspekte, wenn ich es für notwendig halte	☐	☐	☐
... nehme ich die (persönlichen) Gefühle wahr, die sich hinter den Worten verbergen	☐	☐	☐
... nehme ich deutlich wahr, dass ich an etwas anderes denke, während die Person spricht	☐	☐	☐
... schaue ich die Person, die gerade spricht, an	☐	☐	☐
... registriere ich aussagekräftige Körpersprache (Mimik, Gestik)	☐	☐	☐
... unterbreche ich den Redner, um meine Meinung zu sagen bzw. falle ich dem Redner ins Wort, um meine Meinung mitzuteilen	☐	☐	☐
... bin ich nicht konzentriert, da ich viel zu tun habe	☐	☐	☐
... höre ich mir seine/ihre Botschaft an, ohne sie gleich zu bewerten oder zu beurteilen	☐	☐	☐
... stelle ich Fragen, um mehr Informationen zu erhalten und den Sprecher/die Sprecherin zu ermuntern, fortzufahren	☐	☐	☐
... wiederhole ich mit meinen eigenen Worten, was ich gerade gehört habe, um mich zu versichern, dass ich es verstanden habe	☐	☐	☐
Punkte pro Spalte:			
Gesamtpunktzahl:			

Bitten Sie auch Menschen in Ihrer Umgebung, die Sie gut kennen, um eine Einschätzung, ob Sie sich *richtig* eingeschätzt haben. Oft ist unsere Selbstwahrnehmung anders als die Fremdwahrnehmung.

Nachfolgend werden die Facetten von Kommunikation angedeutet, denn mehr als eine Andeutung kann es bei diesen bedeutsamen und tragenden Themen in jeder Zeit – insbesondere in der Komplexität der Anforderungen und der Kommunikationskanäle in einer Zeit von New Work 4.0 – nicht sein.

Tab. 3.1 Reflexion „Kann ich Aktiv Zuhören?" (Eigene Darstellung 2023)

AUSWERTUNG:
44–60 Punkte = Sie hören aktiv zu.
28–43 Punkte = Sie können gut zuhören, könnten Ihre Zuhörfähigkeit jedoch noch ausbauen.
12–27 Punkte = Sie sollten lernen, besser zuzuhören.

3.2   Facetten von Kommunikation

Den Einstieg bildet folgender Abschnitt, in dem verschiedene Kommunikationstheorien näher erläutert werden. Von den klassischen Anfängen der Kommunikationsforschung von E. Shannon und Warren Weaver an wird in diesem Kapitel gezeigt, in welchem Ausmaß die einzelnen Modelle zusammenhängen und inwiefern diese von vorherrschenden theoretischen Strömungen (Konstruktivismus, Sozialkonstruktivismus, …) beeinflusst wurden. Wichtige Stationen nehmen dabei das Organon-Modell, die Frage nach kommunikativer Kompetenz nach Jürgen Habermas und Pierre Bourdieu über Niklas Luhmann bis hin zu den fünf Axiomen nach Paul Watzlawick ein.

Dabei sind folgende Aspekte von zwischenmenschlicher Kommunikationsprozesse im Fokus (Abb. 3.4):

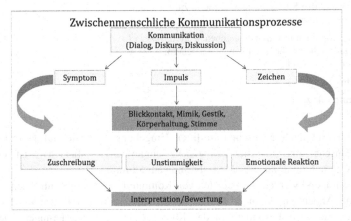

Abb. 3.4 Zwischenmenschlicher Kommunikationsprozess. (Eigene Darstellung 2023)

Ziel des Kapitels ist es also, ein Verständnis dafür zu entwickeln, warum die Methoden und Techniken des Aktiven Zuhörens und der systemischen Gesprächsführung personenzentriert eingesetzt werden und auch wirksam für die New Work 4.0 sind. Dabei ist der Autorin bewusst, dass kein Anspruch auf Vollständigkeit erhoben werden kann. Zunächst sei die Parabel des Hammers von Paul Watzlawick aus seinem Buch „Anleitung zum Unglücklichsein" aus dem Jahr 1983 aufgeführt. Hier wird verdeutlicht, wie facettenreich Kommunikation sein kann und wieso Kommunikation manchmal trotz aller Bemühungen und Versuche nicht unbeschwert, offen und konstruktiv im Blick auf das Gegenüber ist. Jeder ist der Meinung, dass der andere „eh nur auf sein Bestes bedacht ist" und eigentlich gar nicht helfen will.

„Ein Mann will ein Bild aufhängen. Den Nagel hat er, nicht aber den Hammer. Der Nachbar hat einen. Also beschließt unser Mann, hinüberzugehen und ihn auszuborgen. Doch da kommen ihm Zweifel: Was, wenn der Nachbar mir den Hammer nicht leihen will? Gestern schon grüßte er mich nur so flüchtig. Vielleicht war er in Eile. Aber vielleicht war die Eile nur vorgeschützt, und er hat etwas gegen mich. Und was? Ich habe ihm nichts angetan; der bildet sich da etwas ein. Wenn jemand von mir ein Werkzeug borgen wollte, ich gäbe es ihm sofort. Und warum er nicht? Wie kann man einem Mitmenschen einen so einfachen Gefallen abschlagen? Leute wie dieser Kerl vergiften einem das Leben. Und dann bildet er sich noch ein, ich sei auf ihn angewiesen. Bloß weil er einen Hammer hat. Jetzt reicht's mir wirklich. – Und so stürmt er hinüber, läutet, der Nachbar öffnet, doch noch bevor er „Guten Tag" sagen kann, schreit ihn unser Mann an: „Behalten Sie Ihren Hammer, Sie Rüpel!"" (Watzlawic 1983)

Im nachfolgenden Kapitel wird in diese Komplexität der menschlichen Kommunikation etwas tiefer eingestiegen.

3.2.1 Einblick in Kommunikationstheorien (Auswahl)

Kommunikation ist komplex, wird durch individuelle Komponenten beeinflusst und bedarf Techniken und Methoden, um die interpretierte Bedeutung einer kommunikativen Botschaft zu verstehen. Daher folgen ein paar grundsätzliche Grundlagen der Kommunikationstheorien in aller Kürze.

Sender- Empfänger- Modell nach C. E. Shannon und W. Weaver

Das Sender-Empfänger-Modell von Shannon und Weaver (1949) ist eines der ältesten und bekanntesten Modelle der Kommunikation. Es lässt sich als eine eher sozialpsychologisch orientierte Theorie beschreiben, die sich auf Prozesse, Determinanten und Ergebnisse des wechselseitigen Austauschs sowie Gruppendynamik fokussiert (Six, Gleich und Gimmler, 2007). Dabei ist es ein eher technisch-mathematisches Modell; es basiert auf der Nachrichtentechnik, bezieht sich also eher auf den Kontext der technischen Übertragung (Traut-Mattausch und Frey, 2006). Nichtsdestotrotz handelt es sich um einen der meistzitierten Klassiker der Kommunikationstheorie. Kommunikation geschieht nach diesem Modell als Übertragung einer Botschaft vom Sender bis hin zum Empfänger.

Es enthält insgesamt sechs verschiedene Prozess-Schritte: Der Sender kodiert die Idee und übermittelt sie durch ein Übertragungsmedium (zum Beispiel per E-Mail). Diese Nachricht erreicht über einen Übertragungskanal den Empfänger. An dieser Stelle, dem Übertragungskanal, können sogenannte Störquellen in die Übertragung eingreifen und auf sie einwirken. Auf der anderen Seite wird die Nachricht über ein Empfangsmedium (z. B. das E-Mail-Postfach) dekodiert und an den Empfänger übertragen (Röhner und Schütz 2012; Six et al. 2007). Für eine erfolgreiche Kommunikation ist also von großer Bedeutung, dass Sende- und Empfangskanal sowie die Kodierung übereinstimmen und während der Übertragung keine Störungen aufkommen (Traut-Mattausch und Frey, 2006). Nehmen wir ein Telefongespräch als Beispiel: Damit die Kommunikation gelingen kann, sollte sowohl der Sender seine Botschaft über den Telefonhörer weitergeben als auch der Empfänger die Nachricht durch einen solchen annehmen. Auch die Kodierung, beispielsweise die Worte sowie die Sprache, sollten übereinstimmen: Spricht der Sender Spanisch, der Empfänger dagegen nicht, sondern nur Englisch, so wird die Kommunikation trotz gleicher Sende- und Empfangsmedien nicht funktionieren. Zuletzt sollten keine Störungen wie zum Beispiel durch eine schlechte Telefonverbindung (Technik) entstehen, da dies dazu führen kann, dass die Kommunikation misslingt.

Die Erkenntnisse des Sender-Empfänger-Modells lassen sich auch auf den Austausch von Informationen zwischen Menschen übertragen. Auch hier können wir Kommunikation als mehrschrittigen Prozess abbilden – der Kanal, auf dem wir unsere Idee übertragen, ist dann übrigens der Raum, in dem wir Gestik einsetzen (v = isuell), die Luft, in der das Übertragungsmedium die Schallwellen sind, die etwa der Klang unserer Stimme erzeugt (a = auditiv). Selbst wenn es keine direkten Berührungen wie beim Handschlag zur Begrüßung gibt, so kodieren oder übertragen wir auch einen gefühlsmäßigen Zustand, eine Stimmung (k = kinästhetisch). Alle Informationen, die wir auf diese Weise senden, hat aber erst dann eine konkrete Bedeutung, wenn der Sender sie seinerseits dekodiert hat.

Das Modell stellt also bereits recht früh heraus, dass Botschaften anders ankommen können als sie gemeint sind, oder eben auch gar nicht. Wenn das, was kodiert wurde, sich überlappt mit dem, was beim Sender angekommen ist,

dann können wir von Schnittmengen sprechen, oben abgebildet als sich über-
lappende Kreise. Da Störungen des Kommunikationsprozesses die Regel und
nicht die Ausnahme sind, wird Idee und Verständnis niemals vollständig kon-
gruent sein können. Die Autoren betonen an dieser Stelle, dass die menschliche
Informationsverarbeitung durch Verzerrungen beeinflusst und selektiv ist, was
Kommunikationsprozesse im Alltag stark beeinflusst. Beispielsweise besagt die
Hypothesentheorie der sozialen Wahrnehmung (vgl. Lilli 2015), dass die Informationsverarbeitung stets auf dem Hintergrund von Erwartungen, Wünschen,
subjektiven Annahmen und Motivationen stattfindet (Abele 2006).

Störquellen können verschiedenster Art sein: Verbindungsprobleme mit dem
Internet, Rauschen beim Telefongespräch, etwa wenn Wörter oder ganze Sätze
verschluckt sind, Hörprobleme beim Empfänger usw. selbst Zeitdruck kann eine
Störquelle sein, die die Aufmerksamkeit desjenigen, der keine Zeit mehr hat,
negativ beeinflussen kann. Für die Kommunikation nach Shannon und Weaver ist
es also von zentraler Bedeutung, sich des Einflusses dieser Störquellen bewusst
zu sein und diesen entgegenzusteuern, indem man zum Beispiel nicht mehr fünf
Minuten, bevor man aus dem Haus geht, anfängt zu telefonieren. Im Folgenden sollen die fünf Axiome der Kommunikation nach Watzlawick kurz dargelegt
werden.

KOMMUNIKATIONSAXIOME NACH P. WATZLAWICK

Zum Verständnis aller moderneren wissenschaftlichen Kommunikationsmodelle ist eine Betrachtung der pragmatischen Axiome der Kommunikation nach
Paul Watzlawick et al. essentiell, da sie „den Anstoß zu einer ganzen Reihe von
theoretischen Arbeiten über Kommunikation und Interaktion gegeben" (Rothe
2006) haben.

Axiom 1: Man kann nicht nicht kommunizieren.
Axiom 2: Kommunikation besteht aus einer Inhalts- und einer Beziehungs-
ebene.
Axiom 3: Kommunikation ist immer Ursache und Wirkung (Reiz-Reaktion).
Axiom 4: Kommunikation kann sich durch Analogien oder digitale Modalitä-
ten ausdrücken.
Axiom 5: Kommunikation ist symmetrisch oder komplementär.

SENDER- UND- EMPFÄNGER- MODELL NACH F. SCHULZ VON THUN

Nach dem soeben beschriebenen Kommunikationswissenschaftler Paul Watz-
lawick hat jede Kommunikation einen Inhalts- und einen Beziehungsaspekt. Der
Beziehungsaspekt bestimmt insofern den Inhalt, als dass er bestimmt, wie die
Sachinformation zu verstehen ist und dementsprechend welcher Handlungsimpuls

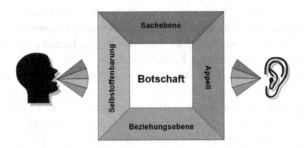

Abb. 3.5 Vier Seiten einer Nachricht. (Quelle: Häfelinger 2009)

damit beinhaltet (Sender) bzw. daraus abzuleiten (Empfänger) ist. Die nachfolgende Grafik stellt das Kommunikationsquadrat – oder oftmals bekannt unter
„Vier-Ohren-Modell von Schulz von Thun" (Abb. 3.5)- dar und zerlegt den Beziehungsaspekt in drei Aspekte. Alle vier Ebenen kommen sowohl auf der Seite des
Senders als auch des Empfängers vor. Die Kommunikation läuft dann wirksam
ab oder ist als gut zu bezeichnen, wenn echte Gespräche zustande kommen, wenn
auf der Inhalts- und allen Beziehungsebenen Einklang besteht – umgekehrt kann
sich eine Vielzahl Missverständnissen ergeben.

Das Modell nach Friedemann Schulz von Thun aus den 80er Jahren ist heute
das bekannteste Kommunikationsmodell. Es basiert auf verschiedensten Beiträgen
und Ansätzen aus der theoretischen und angewandten Psychologie und baut somit
unter anderem auf Carl Rogers, Paul Watzlawick und Alfred Adler auf (Schulz
von Thun 2002).

Diese Aspekte einer Nachricht kann man sowohl aus der Perspektive des Senders als auch des Empfängers betrachten. Die Unterscheidung von Watzlawick
in Sach- und Beziehungsaspekt einer Nachricht schlüsselt Schulz von Thun hier
also in vier Aspekte auf (Kals, 2006). Diese wurden von Watzlawick nicht beachtet, da es sich bei den Axiomen um eine konstruktivistische Theorie handelt,
die nicht nach den inneren Motiven der Kommunikation fragt, sondern nur nach
beobachtbarem Verhalten und der Struktur der Kommunikation (Kriz 2001). Ein
Überblick über die Unterschiede verschiedener Kommunikationsmodelle im Hinblick auf die Komponenten einer Nachricht findet sich bei Wahren (1987, S. 95).
Im Folgenden soll das Modell ausführlich beschrieben und hinsichtlich seiner
praktischen Relevanz für Alltag und Beruf evaluiert werden, wobei zuerst die
Perspektive des Senders und anschließend die Perspektive des Empfängers eingenommen werden soll. Dabei ist das Modell ausdrücklich praktisch orientiert und
soll eine Brücke schlagen zwischen Wissenschaft und der Umwelt eines jeden,

der sich täglich mit unterschiedlichster zwischenmenschlicher Kommunikation auseinandersetzt.

Die vier Aspekte einer Nachricht aus Sicht des Senders: Vier-Schnäbel-Modell.

Zur Verdeutlichung sollen die vier Aspekte der Nachricht anhand eines übergreifenden Beispiels besprochen werden: Stellen Sie sich vor, Kollege A sagt zu Kollege B, während er aus der Küche kommt: „Der Kaffee ist alle.". Diese Nachricht enthält nun vier Aspekte, sozusagen vier „Schnäbel", mit denen man etwas sagen kann.

Zuallererst enthält eine Nachricht Sachinformationen, also den Inhalt dessen, worüber ich den anderen informieren möchte (Schulz von Thun 2002, S. 26). In diesem Beispiel wäre die reine Sachinformation der Umstand, dass augenscheinlich die Kaffeedose leer ist.

Weiterhin enthält die Nachricht gleichzeitig auch Informationen über den Sender selbst, wie zum Beispiel, welche Sprache er spricht oder ob er überhaupt wach ist. Eine kommunikative Äußerung ist daher auch immer eine Selbstoffenbarung (die gewollte Selbstdarstellung und unfreiwillige Selbstenthüllung zusammenfasst). Auch aus der Art, wie der Sender seine Gedanken entwickelt und wie er seine Äußerungen vorträgt, lassen sich Informationen über ihn und seine Denkweise gewinnen (Schulz von Thun 2002). In unserem Beispiel würde die Art und Weise, wie der Kollege ausgedrückt hat, dass kein Kaffee mehr da ist, zeigen, dass er anwesend und wach ist, aber auch, dass er offenkundig ungehalten ist. Aus dieser Seite der Nachricht entstehen oft Probleme in der zwischenmenschlichen Kommunikation, denn der Sender ist stets darum bemüht, seine Selbstoffenbarung so positiv wie möglich zu halten, indem er durch Imponier-Techniken seine guten Seiten betont und durch Fassaden-Techniken seine schlechten Seiten zu verstecken versucht (Schulz von Thun 2002).

Botschaften kann ich mit vier verschiedenen Ohren hören und interpretieren. Es ist wahrscheinlich, dass ich ein speziell ausgebildetes „Lieblingsohr" habe. Die „Lieblingsohren" sind von Mensch zu Mensch verschieden.

Um meine Reaktionen besser zu verstehen, hilft es zu überprüfen, mit welchem Ohr ich höre. Hierzu erfolgt ein Beispiel gemäß dem Modell von F. Schulz von Thun.

Manchmal höre ich mit dem **Sachohr**	
	• Ich konzentriere mich auf den Sachinhalt • Ich prüfe die logische Schlüssigkeit und Stichhaltigkeit der Argumente • Ich bin damit in Gefahr, Beziehungsprobleme mit Sachargumenten auszufechten

Oft höre ich mit dem **Beziehungsohr**	
	• Ich bin auf der Lauer nach Bestätigung • Ich fühle mich leicht angegriffen und verletzt • Ich höre in allen Informationen eine Stellungnahme zu meiner Person heraus

Dann und wann höre ich mit dem **Selbstoffenbarungsohr**	
	• Ich prüfe, in welcher Verfassung sich der Sender, die Senderin befindet • Ich möchte die Gefühle und Einstellungen der Partner und Partnerinnen ergründen • Wutausbrüche, Vorwürfe und Anklagen versuche ich über dieses Ohr zu interpretieren

Mitunter höre ich mit dem **Appellohr**	
	• Ich will allen alles recht machen • Ich lese jeden Wunsch von den Lippen ab • Ich bin dauernd auf dem Appellsprung und spüre mich selbst kaum mehr

BEISPIEL

Der Chef zur Assistenz:
„Ich hätte jetzt Zeit für einen Kaffee."

Die Assistenz hört mit dem **Sachohr**:
„Er hätte jetzt Zeit für einen Kaffee."

Die Assistenzhört mit dem **Beziehungsohr**:
„Der Chef möchte mit mir Kaffee trinken."
(Was sagt er aus über unsere Beziehung?)

Die Assistenzhört mit dem **Selbstoffenbarungsohr**:
„Er braucht eine Kaffeepause." I „Er hat Lust auf einen Kaffee."

(Was ist im Augenblick mit ihm los?)
Die Assistenzhört mit dem **Appellohr**:
„Er will, dass ich ihm einen Kaffee bringe."
(Was erwartet der Chef von mir?)

Der soziale Konstruktivismus schreibt dem Menschen eine aktive Rolle in der Wahrnehmung und Interpretation seiner Umwelt zu. Signale, Symptome und Symbole einer Nachricht werden individuell verarbeitet, sodass eine individuelle „Wirklichkeit" entsteht, die sich gänzlich von der Wahrnehmung anderer unterscheiden kann. Persönlichkeitsmerkmale, Erfahrungen, Werte, Einstellungen, etc. machen dies zu einem individuell dynamischen Prozess zwischen der Wahrnehmung der äußeren Einflüsse und deren Deutung. Dabei wird die soziale Wirklichkeit durch eine zielgerichtete und wertschätzende Gesprächsführung, die Raum für die Sichtweisen aller Beteiligten lässt, im Kommunikationsprozess selbst ausgehandelt. Aktives Zuhören, Fragen stellen, Feedback wie auch Selbstreflexion sind wesentliche Hilfsmittel.

Mit dieser Checkliste bekommen Sie einen Anhaltspunkt, ob Sie oder jemand anderer wirksam, verständlich, fair und vor allem wertschätzend kommunizieren kann – wenngleich auch das Empfinden meist beim Empfänger liegt. Sie können die Checkliste auch als persönlichen Trainingsplan nutzen, um Ihre Kommunikation zu reflektieren und ggf. zu verbessern.

Checkliste – Wie wertschätzend ist meine Kommunikation?

☐	Ich gehe höflich, aufmerksam und respektvoll mit Menschen um
☐	Ich gehe mit einer wertschätzenden Art auf Menschen zu. Ich weiß, dass wir Menschen alle unsere Fehler und Macken haben und erwarte keine Perfektion von mir und anderen Menschen

(Fortsetzung)

(Fortsetzung)

☐	Im Gespräch versuche ich zuerst die Gedankenwelt und den Standpunkt meines Gegenübers zu verstehen, bevor ich versuche, meine Welt und meinen Standpunkt verständlich zu machen
☐	Ich bin mir dessen bewusst, dass zwischenmenschliche Kommunikation etwas Komplexes ist und beim Gegenüber nahezu ,nie' genau das ankommt, was ich ausdrücken wollte. Ich weiß, dass Missverständnisse eher der Normalfall sind
☐	Wenn mir etwas im Gespräch nicht klar ist, dann frage ich nach. Ich habe dann keine Angst/Befürchtungen, als unwissend dazustehen
☐	Ich bin in der Lage, entspannt Smalltalk zu halten und über Nichtigkeiten zu reden, genauso, wie ich tiefergehende Gespräche führen kann
☐	Wenn Menschen schlecht drauf oder aufgewühlt sind und deswegen unhöflich oder unfair zu mir sind, dann nehme ich das nicht persönlich
☐	Wenn mich etwas stört oder nervt, dann schaffe ich es, die Sache so anzusprechen, dass es den anderen nicht angreift. Ich schaffe es dann, über Fakten und über mich und meine Bedürfnisse zu reden, ohne den anderen herabzusetzen, zu sticheln oder ihm Vorwürfe zu machen
☐	Ich bin mir bewusst, dass meine Sichtweise und meine Überzeugungen nicht die Wahrheit oder die Realität widerspiegeln. Ich weiß, dass jeder Mensch sein eigenes Bild der Welt hat (seine Wirklichkeit) und dass kein Bild wahrer oder richtiger ist als das andere
☐	Ich bin gut in der Lage, mich in die Situation meiner Mitmenschen hineinzuversetzen
☐	Ich schaffe es meistens, meine Kritik/meine Bewertungen für mich zu behalten Ungefragt kritisiere oder bewerte ich nur, wenn es zu meiner Verantwortung gehört (z. B. als Trainer, Coach oder Teamleiter)
☐	Wenn ich rede, achte ich auf die Reaktion meines Gegenübers und passe meine Kommunikation meinem Gegenüber an
☐	Wenn es um etwas Wichtiges geht, wiederhole ich das Gehörte in meinen Worten, um sicherzustellen, dass ich auch wirklich verstanden habe, was der andere gemeint hat
☐	Ich habe kein Problem damit, meine Gefühle zu zeigen. Ich habe auch keine Probleme, über meine Gefühle, Wünsche und Bedürfnisse zu reden (wenn es angebracht ist)
☐	Ich kommuniziere differenziert und verzichte auf Verallgemeinerungen, wie „Immer machst du …" oder „Nie machst du …"
☐	Ich bewerte, verurteile oder belächele die Gefühle meines Gegenübers nicht
☐	Ich kann gut damit umgehen, wenn jemand einen meiner Wünsche ablehnt, wenn also jemand „Nein" sagt. Ich fühle mich dann **NICHT** als Mensch abgelehnt
☐	Ich selbst kann ohne schlechtes Gewissen und Schuldgefühle „Nein" sagen, wenn ich etwas nicht tun möchte/will

(Fortsetzung)

(Fortsetzung)

☐	Ich rede in einer klaren, verständlichen und lebendigen Sprache und verzichte auf Worthülsen, auf abstrakte Begriffe oder Fremdwörter
☐	Ich mache meine Erwartungen klar und erwarte von anderen Menschen NICHT, dass sie meine unausgesprochenen Erwartungen kennen und danach handeln (ich erwarte also kein Gedankenlesen von anderen Menschen)
☐	Ich langweile andere nicht mit (für sie) uninteressanten Geschichten. Ich quatsche andere Menschen nicht zu. Ich achte darauf, dass mein Gegenüber auch Raum hat, um über das zu sprechen, was ihm wichtig ist
☐	Ich lasse Menschen ausreden und unterbreche sie nicht. Höchstens aus Notwehr, wenn jemand gar nicht mehr aufhört zu erzählen
☐	Wenn ich von einer Sache keine Ahnung habe, kann ich das auch zugeben
☐	Ich bin in der Lage, meinen Standpunkt klar und überzeugend rüberzubringen
☐	Ich verkneife mir hämische, sarkastische oder zynische Bemerkungen
☐	Ich kann über mich selbst lachen
☐	Wenn andere Menschen meine Grenzen überschreiten, dann bin ich in der Lage, das zeitnah anzusprechen, und zwar, ohne dem anderen Vorwürfe zu machen
☐	In Konfliktsituationen erkläre ich meinen Punkt, damit der andere verstehen kann, warum mir etwas wichtig ist
☐	Ich kann zugeben, wenn ich etwas falsch gemacht habe. Ich kann mich entschuldigen
☐	Ich weiß über die Macht von Fragen im Gespräch und kann Fragen gezielt einsetzen, um ein Gespräch zu lenken und um im Gespräch auf die wichtigen Punkte zu kommen

Bitten Sie auch Menschen, die Sie gut kennen, um eine (Fremd-)Einschätzung, ob Sie bei einem Punkt in der Checkliste einen Haken machen können. Oft ist unser Selbstbild anders als das (Fremd-)Bild.

3.2.2 Systemische Gesprächsführung

Gespräche effektiv führen, heißt, ein Gespräch bewusst so zu steuern, dass die gesetzten (smarten) Ziele erreicht werden und die beteiligten Gesprächspartner mit dem Ergebnis zufrieden sind oder mindestens das Ergebnis verstehen und mittragen können. Neben der Ziel- und Auftragsklärung, nimmt die Art der Fragestellung eine wesentliche Steuerungsfunktion ein.

Abb. 3.6 Emotionen. (Quelle: Eigene Darstellung 2022)

Deutlich wird, dass Haltung, Techniken und Auftrag keine trennscharfen Kategorien im Kommunikationsprozess bilden, sondern dass Störungen, Irritationen, Fehler und ggf. sogar Konflikte ganz natürliche Komponenten von Kommunikation sind.

Das Schema in Abb. 3.6 kann unterstützen, sich selbst zu fragen: Bin ich bei mir? Und: Wie stelle ich richtige Fragen?

BEISPIEL:

1. Beschreiben des Sachverhalts

   „Wir haben miteinander vereinbart, dass Sie mir bis Freitag einen Vorschlag unterbreiten, den ich in der Montagssitzung zur Diskussion stellen kann. Als ich am Freitagabend ins Büro kam, lag jedoch nichts vor. "

2. Aufzeigen der Konsequenzen

   „Dies hat dazu geführt, dass wir am Montag nicht darüber sprechen konnten, das Ganze sich um eine Woche verzögert und der geplante Termin nicht eingehalten werden kann. "

3. Wie ich dazu stehe

„Dies hat mich maßlos geärgert."

Spreche ich Ärger, Probleme in dieser Form an, rede ich über mich, den Sachverhalt und die daraus hervorgehenden Konsequenzen. Nicht der andere wird angegriffen oder verurteilt. Eine symmetrische Beziehungsdefinition ist vorhanden und bietet die Voraussetzung für eine konstruktive Problemlösung, nämlich: Woran lag es und was ist künftig anders zu machen? (Lernen für die Zukunft).

Eine Checkliste *„Grundlegende Prinzipien effektiver Gesprächsführung"* zur Selbstreflexion:

Effektive Gesprächsführung heißt, ein Gespräch bewusst so zu steuern, dass man seine gesetzten Ziele erreicht und die beteiligten Gesprächspartner mit dem Ergebnis zufrieden sind.

Das 1 × 1 effektiver Gesprächsführung besteht aus:

- Ziele für das Gespräch festlegen
- Rahmen des Gesprächs abstecken
- Gesprächsart bestimmen (Sache, Person, Beziehung)
- Den Gesprächspartner dort abholen, wo er steht
- Aktives Zuhören und sich in die Lage des anderen versetzen (nach Rogers)
- Fragen gezielt einsetzen (z. B. Skalierungsfrage)
- Eigenes Verständnis des Informationsgehalts überprüfen
- Die Kunst des Schweigens beherrschen! (‚Reden ist Silber – Schweigen ist Gold')
- Gesprächskiller vermeiden oder bewusst einsetzen
- Es gibt eine Reihe von Gesprächs- und Verhandlungstaktiken, die bei richtigem Einsatz ein Gespräch in Gang bringen, in Gang halten und zu einem erfolgreichen Abschluss bringen können. Doch ist es wichtig, diese im richtigen Moment und im richtigen Ton anzubringen.
- Generell sollte gelten, dass man im Grunde alles sagen kann, wenn die richtige Form gewählt wird: Der Ton macht die Musik!

Diese Art von Checkliste lädt ein, noch einen Blick auf die vertiefenden Methoden zur Gesprächsführung zu werfen.

4

Vertiefende Methoden zur Gesprächsführung: Remote oder Face-To-Face

Im Bereich der Techniken und Methoden werden nun anwendungsorientierte Inhalte vermittelt und diese können zur Selbstreflexion oder auch im kollegialen Austausch genutzt werden.

4.1 (Beratungs-)Gespräche führen – Phasen

Bei (Beratungs-)Gesprächen handelt es sich um ein komplexes Geschehen, für dessen professionelle Handhabung eine gründliche Ausbildung benötigt wird. Gleichwohl kann es insbesondere für Menschen, die mit Menschen in anderen Kontexten arbeiten, unterstützend sein, über Grundkenntnisse der Phasen und Fallen von Beratungsgesprächen zu verfügen.

Die Haltung des Gesprächsführenden – meist auch der Führungskraft – ist dabei zentral für eine gelingende Kommunikation. Techniken sind hilfreich, doch (nur) der Schlüssel ist der Respekt vor der Individualität des anderen. (Sprenger 2007). Dabei ist Subjektgebundenheit aller Erkenntnis, Wahrheiten und Werte, wie Sprenger es bezeichnet, eine wichtige Konsequenz für den Verlauf eines Gespräches und auch das Verstehen. Es lohnt sich, wenn der Gesprächsführende eine innere und äußere Haltung von Wertschätzung mit einer herausfordernden Haltung verbinden kann. Wenn die Ratsuchenden im Gespräch Altbekanntes sowie Gewohntes thematisieren können, gibt es ein Gefühl von Sicherheit und so kann zugleich ein Türöffner entstehen für herausfordernde Themen. Eine wertschätzende Haltung kann die Beteiligten eine neue – verändernde – Perspektiven finden lassen, allerdings bedarf sie des gewissen Fingerspitzengefühls. So

K. Keller, *Wertschätzende Gesprächsführung in der neuen Arbeitswelt 4.0*, essentials, https://doi.org/10.1007/978-3-662-68044-5_4

verhilft eine gewisse Kenntnis über Gesprächsphasen zu dem wertschätzenden, empathischen und zugleich herausfordernden Koordinatensystem. Folgende Phasen eines Gesprächs lassen sich untergliedern:

KONTAKTPHASE

Beratung setzt stets ein Anliegen/Thema voraus. So dient diese Phase zunächst dazu, das Anliegen sowie die Erwartungen des Ratsuchenden zu klären, bevor sie mit der eigentlichen Beratung beginnen können.

- Worum geht es?
- Was ist Ihre Frage?
- Was erwarten Sie bzw. wünschen Sie sich von mir?

EXPLORATIONSPHASE

Hier geht es darum, mit Hilfe offener Fragen unter Berücksichtigung von Aspekten des Denkens, Fühlens und der Haltung mehr über die Problemlage, ihre Hintergründe und Entstehungsgeschichte zu erfahren sowie die genaue Fragestellung herauszuarbeiten.

- Worin konkret und spezifisch besteht das Problem/die Herausforderung für Sie?
- Wie ist es dazu gekommen?
- Wann tritt es auf und wann nicht?
- Wozu möchten Sie das Problem lösen?

LÖSUNGSPHASE

In dieser Phase werden konkrete Lösungsideen entwickelt und, sofern es möglich ist, Entscheidungen getroffen. Um unnötige Schleifen zu vermeiden, ist zu klären, was bereits an Lösungsversuchen unternommen wurde und was dabei herausgekommen ist.

- Was haben Sie bereits zur Lösung des Problems unternommen?
- Mit welchem Resultat?
- Welche Schlussfolgerungen haben Sie daraus gezogen?
- Wie verhält sich jemand, der dieses Problem nicht hat bzw. leichter damit umgehen kann?
- Wie würden Sie in Ihrer Lage gerne anders denken, fühlen und handeln können?
- Welche Erlaubnis müssten Sie sich dafür ggf. geben?

- Welche konkreten Möglichkeiten sehen Sie, das Problem zu lösen bzw. besser damit umzugehen?
- Wie (oder wann) würde sich das für Sie lohnen?
- Was davon wollen Sie ausprobieren?

TRANSFERPHASE

Diese Phase beginnt mit einer Planung des Praxistransfers noch während des (Beratungs-) Gesprächs und reicht bis zur konkreten Umsetzung in der Realität.

- In welchen konkreten Situationen werden Sie sich künftig anders verhalten?
- Was genau werden Sie anders machen?
- Woran werden Sie/werden andere den Erfolg bemerken?
- Welche Art der Unterstützung können Sie ggf. bekommen?
- Wie werden Sie sich für den Erfolg belohnen?

4.2 Fragetechniken im Überblick

Fragen helfen in der Kommunikation, Informationen zu erhalten und dem Gespräch einen roten Faden zu geben. Bereits Kinder sind sehr neugierig und stellen viele Fragen: Warum tropft es von den Bäumen? Wieso müssen wir nach Hause? Warum......? Dies zeigt Neugier und Wissbegierde bezüglich der Umwelt und der Mitmenschen. Sie möchten Informationen sammeln und speichern, sie möchten wissen. Diese günstigen Auswirkungen von Fragen scheinen viele Menschen in ihrem Alltag jedoch zu vergessen: Statt Informationen wirklich zu sammeln, geht man davon aus, schon genau Bescheid zu wissen. Das Ergebnis sind vielfältige Störungen auf der Beziehungs- und Sachebene, wie zum Beispiel Befehle, Vorschriften, Eingrenzungen oder gar Machtkämpfe.

„Wer fragt, der führt." Diese alte Kommunikationsregel ermuntert dazu, in ein Gespräch mit Fragen einzugreifen, um dadurch über die Richtung des Gesprächs mitzubestimmen. Als Kommunikationstechnik geht die Wirkung von Fragen allerdings noch weiter (Abb. 4.1). Fragen können:

- Unterstützung beim Kennenlernen sein
- eigene Ideen vermitteln
- ein einheitliches Verständnis etablieren
- gewünschte Informationen bereits enthalten und weitertragen
- motivieren/begeistern

Abb. 4.1 Gesprächstechniken. (Eigene Darstellung 2023)

- bekräftigen
- Anweisungen klären
- Probleme lösen
- Nervosität lindern
- Widerstände eliminieren
- Zeit zum Überlegen verschaffen.

Diese Liste ließe sich nahezu endlos fortschreiben und zeigt, wie wichtig und nützlich Fragen als Gesprächstechnik sind und wie vielfältig sie eingesetzt werden können.

Die Verwendung von Fragen weist Sie als interessierten und offenen Gesprächspartner aus, der sein Gegenüber und dessen Ansichten grundsätzlich ernst nimmt und ihm Aufmerksamkeit schenkt. Fragen zu stellen, bedeutet aber auch, dem anderen Zeit zum Antworten zu gewähren.

Zur Übersicht sind nachfolgende **Fragearten** und ihre im besten Fall günstige Wirkung im Überblick dargestellt (Tab. 4.1):

Wer wirksame Gespräche und Verhandlungen führen möchte, sollte sich die verschiedenen Arten von Fragen aneignen und sie sinnvoll und situationsgerecht anwenden können. Einem Gesprächspartner wird es meist nur dann unwohl, wenn er oder sie den Eindruck gewinnt, ausgefragt oder ausgehorcht zu werden. Dies ist bei sinnvollen Fragen eher selten der Fall. Fragen geben dabei die Möglichkeit, das Gespräch zu führen und es entlang eines roten Fadens zu strukturieren bzw. auch zu lenken. Sie sind dabei unumgängliche Bestandteile menschlicher

Tab. 4.1 Fragetechniken. (Eigene Darstellung 2023)

Frageform	Fragesatz	Mögliche Fragewirkung
Offene Frage (Starthilfen) W-Fragen	• Was sagen Sie dazu? • Wie beurteilen Sie...? • Was meinen Sie dazu? • Welche Erfahrungen haben Sie gemacht mit...?	• partnerschaftlich • offen • Interesse signalisierend • befreiend • gesprächsfördernd
Geschlossene Frage (Ja- /Nein – Frage)	• Sagen Sie, ist das richtig? • Ist das so? • Glauben Sie, dass die Vorteile überwiegen?	• beginnt immer mit einem Verb und kann mit ja oder nein beantwortet werden • nicht gesprächsfördernd • bringt wenig Info • wirkt inquisitorisch • zwingt zu eindeutiger Stellungnahme • Einwegkommunikation • unechte Frage
Kontroll- / Bestätigungsfrage	• Sagten Sie, dass ...? • Wenn ich Sie recht verstehe ... • Meinen Sie, dass ...? • Sie sind also der Ansicht, dass ...	• klärend • klimaverbessernd • Missverständnisse beseitigend • Vieldeutigkeit reduzierend • verständigungsfördernd • auf den Partner eingehend
Alternativfrage	• Verdienen Sie zu wenig, oder habe ich Sie vor den Kopf gestoßen? • Wollen Sie ein oder zwei Frühstückseier?	• einschränkend • in eine bestimmte Richtung weisend • bestimmend • Antwortspielraum vorgegeben
Rhetorische Frage	• Wer ist schon perfekt? • Machen wir nicht alle Fehler? • Wollen wir nicht alle nur geliebt werden?	• bleiben oft unbeantwortet • Denkanreiz • Fokus auf Lösbarkeit • Perspektivwechsel
Suggestivfrage	• Sie haben doch auch gesagt, dass ...? • Sie sind doch auch der Meinung, dass ...?	• fremdbestimmend • Antwort wird in der Frage vorweggenommen • unechte, manipulative Frage • gesprächstötend

(Fortsetzung)

Tab. 4.1 (Fortsetzung)

Frageform	Fragesatz	Mögliche Fragewirkung
Zirkuläre Frage	• Was würde ein Außenstehender (1) über die Beziehung zwischen Ihnen (2) und Ihrem Chef (3) sagen? • Was könnten Sie (1) tun, damit Ihr Chef (2), mit dem Sie momentan nicht gut stehen, Ihr (1) Verhältnis zu Ihrem neuen Team (3) optimal beschreibt? • Was glauben Sie (1), könnte Ihr Kollege Müller (2) zu Ihrem Kollegen Maier (3) über den Zusammenhang zwischen dem von Ihnen verpatzten Strategie-Plan und Ihren Karrierechancen sagen? • Welche Auswirkungen hätte es auf die Arbeitsleistung der Abteilung x (1), wenn Sie (2) und Herr Müller (3) sich weiterhin keine Informationen geben? • Welche Beziehung könnten Ihre Mitarbeitenden (1) zu Ihrem Chef (2) bekommen, wenn Sie (3) sich in Zukunft mehr den fachlichen Herausforderungen stellen würden?	• Außenperspektive erlangen • Gegenperspektive beziehen • Zusammenhang zwischen zwei Situationen klären • Auswirkungen klären • Beziehungen klären

(Fortsetzung)

Tab. 4.1 (Fortsetzung)

Frageform	Fragesatz	Mögliche Fragewirkung
Skalierungsfrage	• In der Regel wird von einer Skala von 0/1 bis 10 gesprochen, wobei 0 für die schwächste und 10 für die stärkste Ausprägung steht • Ihr Gegenüber kann bei dieser Frage einen Wert benennen, ohne genau benennen zu müssen, was dieser Wert konkret bedeutet	• Woran merken Sie, dass Sie bei der 10 sind? • Wo hätten Sie vor drei Jahren in solch einer Situation auf einer Skala von 0 bis 10 gestanden? • Was tun Sie anders oder was wäre anders, wenn Sie beispielsweise auf der 8 stehen? • Warum keine 1? Warum noch eine 1?
Hypothetische Frage	• Angenommen, Sie verhielten sich ab sofort kooperativ, wie würden Ihre Mitarbeiter reagieren? • Angenommen, wir würden das jetzt in Angriff nehmen, was würde Ihr Chef als Nächstes tun? • Angenommen, wir würden Ihre Mitarbeiter in die Frage miteinbeziehen: Was wäre für sie wichtig? • Angenommen, Sie würden heute in einem Jahr auf die Erreichung Ihres Zieles zurückblicken: Welche Meilensteine auf Ihrem Weg wären für Sie besonders wichtig gewesen?	• Hypothetische Wechselwirkungen • Prüfung von Auswirkungen • Hypothetische Dissoziierungsverfahren • Hypothetische Ziel-Weg-Verknüpfungen

(Fortsetzung)

Tab. 4.1 (Fortsetzung)

Frageform	Fragesatz	Mögliche Fragewirkung
Wunderfrage (Gilt als eine Art Unterkategorie der hypothetischen Frage. Sie gehört zum Methodenkoffer von Fragen, die der amerikanische Psychotherapeut Steve de Shazer entwickelt hat. Er geht davon aus, dass es unterstützend ist, sich auf Ziele, Wünsche, Ressourcen und Lösungen zu konzentrieren, anstatt auf die Problemursache.)	• Stellen Sie sich vor, heute Nacht	• mögliche Problemlösungen fantasieren • besonders in verfahrenen und aussichtslosen Situationen hilfreich • Das Ziel, einen bestmöglichen Zustand vorstellbar zu machen • Neue Motivation und positive Gedanken
Systemische Frage	Die Überschrift „Systemische Frage" beschreibt verschiedene Fragetypen, die in der systemischen Beratung, Therapie und dem Coaching genutzt wird. Mit diesen Fragen kann en Perspektivwechsel ermöglicht werden. Fragetechniken wie z. B., Wunderfragen, Skalierungsfragen und hypothetische Fragen gehören dazu	

Kommunikation, die auch Zuwendung ausdrücken kann, denn wer fragt und zuhört, der interessiert sich für die Situation, die Sichtweise, das Anliegen etc. Wer nachfragt, der hört auch aktiv zu, sodass Fragetechniken und aktives Zuhören in Beziehung zueinanderstehen und gemeinsam eingesetzt werden sollten.

4.3   Ich-Botschaften als Wirksamkeitstool

Dem amerikanischen Psychologe Thomas Gordon zufolge, der den Begriff „Ich-Botschaft" in den 1970ern prägte, geht es bei Ich-Botschaften um Selbstoffenbarung. Eine Ich-Botschaft

• gibt persönliche Eindrücke wieder.
• erklärt, was das Verhalten des anderen für Gefühle bei einem selbst auslöst.

- drängt den anderen nicht in die Defensive und verletzt somit die Beziehung nicht.

Durch Ich-Botschaften bieten sich viele echte Kommunikationschancen. Somit kann sich die Möglichkeit ergeben, eigene Bedürfnisse, Meinungen und Probleme konfliktfrei ins Wort zu bringen. Allerdings kann eine Ich-Botschaft nur dann funktionieren, wenn sie einem wirksamen Aufbau folgt.

Ob ein Satz mit „ich" oder „du" begonnen wird, kann insbesondere bei Streitgesprächen ausschlaggebend für eine Lösungsfindung sein, ebenfalls bei Verhandlungsgesprächen. Wird „du" verwendet, wird dem Gegenüber eine Interpretation gegeben, ohne sie möglicherweise klar als die eigene zu markieren. Hierbei handelt es sich um eine Vereinfachung, denn statt sich mit der Frage zu beschäftigen, wie exakt diese Interpretation in Bezug zu den eigenen Interessen, Wünschen und Bedürfnissen steht, wird das Gegenüber im Unklaren gelassen: „Du hast nicht zugehört." Oft folgen darauf temporale Adverbien mit Ewigkeitsbezug, wie z. B.: „Du hörst nie zu." oder „Immer bist Du mit Deinen Gedanken woanders ...". Das Berechenbare an der Verwendung von Du-Botschaften ist die prompte Rechtfertigung des anderen, der sich angegriffen fühlt und als Reaktion in eine Verteidigungshaltung einsteigt.

Bei kritischer Betrachtung können mehrere Fragen gestellt werden: Ist uns nicht bereits im Moment des Sprechens klar, wie die Lösung des Problems aussehen könnte? Haben wir nicht in Wahrheit einen konkreten Wunsch, eine Erwartung an unser Gegenüber? Kann man diese Frage mit Ja beantworten, ist schnell klar, weshalb Ich-Botschaften tragfähiger sind: Sie kennzeichnen eigene Aussagen als solche und damit als subjektiv. Sie reflektieren die eigene Meinung und sind für das Gegenüber weniger bedrohlich, da ihm/ihr keine Absicht zu dem Thema unterstellt wird. Darin ist kein Angriff enthalten und ebenfalls keine scheinbare, objektive Wahrheit, die im Vergleich mehr Widerspruch erzeugen könnte. Dadurch lösen sie auch keine Abwehr aus. Zweitens findet sich so ein reibungsloserer Gesprächseinstieg, weil der andere womöglich bei der Lösung unterstützen will.

Stellen Sie sich folgende Situation vor: Sie haben um 8:30 Uhr einen (digitalen oder Präsenz-) Sitzungsraum betreten, sind gut vorbereitet und ... Ihr Gesprächspartner, mit dem Sie bis eben glaubten, zu dieser Zeit verabredet zu sein, ist nicht da. Sie warten. Und warten. Um 8:58 Uhr betritt die Erwartete/der Erwartete den Raum. Was sagen Sie als erstes? Klassische Du-Botschaften könnten lauten: „Wo waren Sie denn so lange? Wieso sind Sie (wieder) zu spät?" Diese Botschaften signalisieren die Vorannahme, dass richtig im Sinne von wahr ist, was SIE denken und glauben. Nur was bringt Ihnen das?

In dem Fall wäre das Senden von Ich-Botschaften auch eine Einladung an das Gegenüber. Vermutlich antwortet auch es mit einer Ich-Botschaft und Sie können rasch über den Inhalt ins Gespräch kommen, statt sich mit der Art und Weise oder dem Ton des Gesagten zu beschäftigen. Ich-Botschaften tragen daher auch maßgeblich zur Vertrauensbildung bei. Wenn ein am Gespräch Teilnehmender offen die eigenen Gefühle verbalisiert, wird dem Gegenüber eine Entgegnung auf dieser Ebene ermöglicht. Gefühle werden nicht mehr „unter den Teppich gekehrt", sondern offen und ehrlich in den Dialog/in das Gespräch gebracht. Außerdem ermuntern Sie Ihr Gegenüber durch Ich-Botschaften zu einer Stellungnahme, denn Sie sprechen nur für sich und nicht für andere.

Ich-Botschaften können auch dabei helfen, mit eigenen Gefühlen konstruktiv umzugehen, die dann entstehen können, wenn ich selbst ein Problem habe oder ein Konflikt in mir herrscht. Dann dienen sie ebenfalls dazu, den anderen mit von mir nicht hinnehmbaren Verhaltensweisen zu konfrontieren und eine Konfliktlösung ohne einen Verlierer zu finden.

AUFBAU VON ICH-BOTSCHAFTEN
Eine maximal effektive Ich-Botschaft sollte stets folgendem Aufbau folgen:

1. Ich-Botschaft, z. B.: „Ich stelle fest, dass die benötigten Unterlagen nicht auffindbar sind…"
2. Beschreibung des (unannehmbaren) Verhaltens, z. B.: „… es fehlt mir daher das Material, welches ich für die Beendigung des Projektes gebraucht hätte…"
3. Spürbare Folgen der Empfindung, z. B.: „…deswegen bin ich sauer, weil ich mich im Stich gelassen fühle."

Kommen wir zurück zum Beispiel. Der Beitrag könnte so weiter gehen:
Sie haben nun Ihren Blick auf die aktuelle Situation offengelegt und mitgeteilt, seit wann Sie warten und verknüpft mit der emotionalen Beurteilung, die damit für Sie verbunden ist.

Wichtig ist ebenfalls, eine solche Ich-Botschaft von einer normalen Ich-Formulierung zu unterscheiden. Folgendes wäre eine Ich-Formulierung: *„Ich möchte, dass heute Abend kein Trinkgelage veranstaltet wird, denn schließlich kostet das das Unternehmen viel zu viel Geld und ich erbitte, dass Sie alle voll und ganz bei der Sache sind."* Diese Formulierung ist ineffektiv und folgt nicht dem dreiteiligen Aufbau. Eine alternative, besser funktionierende Formulierung wäre zum Beispiel: *„Ich wäre Ihnen dankbar, wenn Sie im Seminar abends nicht überborden, denn das verringert die Aufnahmefähigkeit am nächsten Tag beträchtlich,* *und das würde mich ärgern, da ich mir Mühe gebe, den Stoff Ihren Bedürfnissen anzupassen. "*

Eine Ich-Botschaft zeichnet sich also dadurch aus, dass sie Empfindungen nur beschreibt und diese nicht bewertet. Üben können Sie das Senden von Ich-Botschaften am besten in nicht konfliktgeladenen Situationen, um zum Beispiel angenehme Gefühle wie Freude zum Ausdruck zu bringen. Wünsche können damit offen, klar und ehrlich zum Ausdruck gebracht werden und ermöglicht eine Vorstellung der Wirkung von Ich-Botschaften auch in schwierigeren Situationen. Wünsche und Meinungen in Ich-Botschaft-Form beginnen zum Beispiel mit „Ich glaube...", „Ich denke..." oder „Ich könnte mir vorstellen, dass ...".

Wer also Konflikte mit seinen Mitarbeitern konstruktiv angehen möchte, sollte dabei folgende Formel für Ich-Botschaften trainieren:

Ich + Sachaussage + meine Bedürfnisse und Gefühle + mein Appell.

Allerdings gibt es auch Grenzen von Ich-Botschaften. An den folgenden Beispielen wird aufgezeigt, wann Ich-Botschaften nicht mehr funktionieren bzw. wirkungslos sind:

- Der Angesprochene hat selbst eigene, starke Bedürfnisse.
- Einer von beiden ist nicht an einer (guten) Beziehung zum anderen interessiert.

Konflikte, Spannungen und Verhandlungen lassen sich mit Ich-Botschaften wirksamer und leichter führen – ob remote oder face-to-face. Unter Berücksichtigung der aufgeführten Aspekte können Sie Gespräche weg von der Eskalation und hin zu echten Dialogen führen.

4.4 Mit dem Vier-Schritt zur empathischen Gesprächsführung

Empathische Gesprächsführung basiert auf dem Konzept der „Gewaltfreien Kommunikation" vom US-amerikanischen Psychologen Marshall B. Rosenberg. Seine Jugend verbrachte Rosenberg in der Innenstadt Detroits und wurde dort Zeuge von nicht funktionierender oder nicht empathischer Kommunikation. Dabei schockierte ihn dort die massive Gewalt, Antisemitismus und Rassenunruhen, nicht zuletzt auch wegen seiner eigenen jüdischen Herkunft. Durch diese Erfahrungen geprägt, richtete er sein Leben darauf aus, Gewalt zu reduzieren und Fertigkeiten zu fördern, die friedliche Einigungen sowie funktionierende Kommunikation mit empathisch-wertschätzenden Tools ermöglichen. Daraus entwickelte sich die

Gewaltfreie Kommunikation (GFK), heutzutage auch oft als empathische oder/ und wertschätzende Kommunikation ins Wort gebracht.

Um seine Vorstellungen von gewaltfreier Sprache zu veranschaulichen, wählte Rosenberg zwei Metaphern aus der Tierwelt für beide Arten zu kommunizieren: Gewalthaltige Sprache nannte er „Wolfssprache", gewaltfreie Sprache „Giraffensprache", angelehnt an die fleischfressenden, als aggressiv wahrgenommenen Rudeltiere und die sanften Giganten der Steppen Afrikas (Rosenberg 2010).

Wer gewaltfrei oder mit „Giraffensprache" kommuniziert, drückt aufrichtig aus, wie er sich fühlt, ohne den anderen zu bewerten, zu beschuldigen oder gar zu kritisieren. Dadurch gelingt es, sich in sein Gegenüber echt einzufühlen: Setzt man bei den Bedürfnissen anderer an, teilt man damit deren Wahrnehmung und drückt Wertschätzung aus, denn über Bedürfnisse kann man nicht streiten – im starken Unterschied zu Meinungen und Befindlichkeiten. Im Gegensatz dazu steht die „Wolfssprache", die von Aggressivität, Feindseligkeit und Eigenorientierung geprägt ist. Beschuldigungen, Kritik, verbale Angriffe und Eskalation sind bei diesem Sprachstil die Normalität. Oftmals wird das Ganze auch genannt „Wenn die Giraffe mit dem Wolf tanzt" (Abb. 4.2).

Absicht der GFK ist es, einfühlsame Verbindungen herzustellen: Damit durchbricht die Giraffensprache die Eskalationsspirale, indem sie das unerfüllte Bedürfnis als Auslöser für ein Gefühl beim anderen würdigt, das dem beobachteten Verhalten zugrunde liegt.

Im (beruflichen) Alltag passieren uns oft Unzufriedenheit auslösende, ärgerliche Dinge, wie zum Beispiel, dass der Zug wieder einmal verpasst wurde oder

Giraffe 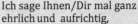Wolf

Ich sage Ihnen/Dir mal ganz ehrlich und aufrichtig,	Ich sage Ihnen/Dir mal ganz ehrlich und aufrichtig,
▪ wie es mir geht ▪ was ich brauche ▪ was meine Bitte an Sie/Dich ist.	▪ was mit Ihnen/Dir nicht stimmt ▪ was ich über Sie/Dich denke ▪ welche Urteile und Bewertungen ich über Sie/Dich habe.

▪ *„Ich bin sauer und wünsche mir mehr Arbeitsmethodik."*

▪ *„Du bist zu unstrukturiert!"*

Abb. 4.2 Wenn die Giraffe mit dem Wolf tanzt. (Eigene Darstellung 2023)

dass das Meeting zeitlich überzogen wird. Das Ärger-Gefühl ist dann zwar inner-
lich, die Schuld wird aber allzu häufig externen Ursachen, wie dem Busfahrer
oder dem nicht funktionierenden Wecker, zugeschoben. Oft äußert man sich unge-
fähr so: „Ich ärgere mich, WEIL der Zug weg war…" Damit wird sprachlich
eine Kausalität begründet, die sachlich nicht gedeckt ist. Die GFK fordert nun, in
der Sprachverwendung in Kontakt mit den eigenen Bedürfnissen zu bleiben, die
im Falle des Auftretens von Ärger augenscheinlich mit einem momentan nicht
erfüllten Bedürfnis zu tun haben. Als Beispiel kann aufgezeigt werden, dass
es mir wichtig ist, pünktlich das Meeting zu schließen. Man ärgert sich, weil
nun eben dieses Bedürfnis womöglich durch ein Zuspätkommen nicht erfüllt
wird. Rosenberg schlägt vor, die vermeintliche Kausalität (wer ist schuld, dass
ich mich ärgere…?) sprachlich aufzuheben und stattdessen die Korrelation (Zug
weg – gleichzeitig Bedürfnis nach Pünktlichkeit) anzuzeigen:

Beispiel: „Ich ärgere mich, *wenn*…."
Rosenberg führt in seinem Hauptwerk aus, dass es sich bei der GFK – in diesem
Kontakt empathischer Kommunikation – um eine innere HALTUNG, eine Art
zu denken und zu sprechen, handelt und nicht primär um eine Kommunikationstechnik. Nachfolgend werden vier Schritte (Abb. 4.3) aufgezeigt, die genau dazu
einladen, die eigene Haltung zu reflektieren und die Selbsteinfühlung, also den
Blick nach innen um eine Formel zu erweitern, die es auch im Gespräch erlaubt,
in echtem Kontakt sowohl mit uns selbst und unseren Bedürfnissen als auch mit
dem Gegenüber zu sein.

1. Wahrnehmung schildern
   • Was habe ich konkret wahrgenommen?

Abb. 4.3
Fragetechniken. (Eigene
Darstellung 2023)

1. Wahrnehmung

2. Gefühl

3. Bedürfnis

4. Bitte / Wunsch

- Welche Wahrnehmung schränkt mein Wohlbefinden ein?
2. Gefühl benennen
   - Wie fühle ich mich mit dem, was ich beobachtet habe?
   - Was löst das Verhalten des anderen in mir aus?
3. Bedürfnisse
   - Welches Bedürfnis steckt hinter meinem Gefühl? (Abb. 4.4)
   - Kenne ich die Ursache?

4. Bitte/Wunsch äußern
   - Welche konkrete Handlung *erbitte* ich mir vom Gegenüber?
   - Welche konkrete Handlung *wünsche* ich mir vom Gegenüber?

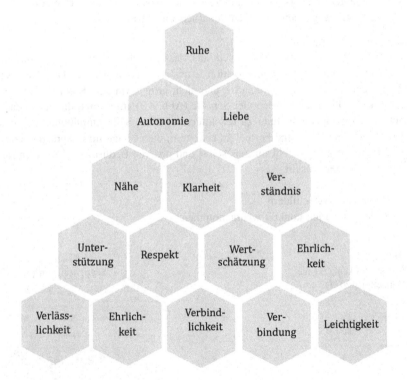

Abb. 4.4 Bedürfnisse. (Eigene Darstellung 2023)

Die Anwendung dieses Vier-Schrittes ist in der Praxis nicht ganz so einfach, wie es hier klingt. Stellen Sie sich folgende Situation vor: Sie haben Ihren Vorgesetzten begründet gebeten, sich in der nächsten Teamsitzung für Sie einzusetzen. In Ihrer Erinnerung haben Sie das noch nie getan. Letztendlich geschieht in der Sitzung nichts. Außer einer Entschuldigung hat der Chef Ihnen danach nichts anzubieten. Wie geht es Ihnen jetzt? Wahrscheinlich wären Sie sauer, wütend oder massiv enttäuscht. Mit den vier Schritten im Kopf und auch – oder insbesondere – im Herzen wird es möglich, die Sprachlosigkeit zu überwinden und entschieden unter vier Augen in vier Schritten für die eigenen Anliegen einzustehen:

Beispiel:
Chef, ich möchte Sie bitte kurz in Bezug auf Ihre Entscheidung von gerade eben ansprechen. Kollege Meier darf nun mit auf die nächste Dienstfahrt nach Madrid fahren und nicht ich. Mit meiner Mail hatte ich Sie gebeten, sich dafür einzusetzen, dass ich mitfahre und dafür auch nachvollziehbare Gründe genannt.

Mich macht es sauer, gar wütend, wenn ich dann im Meeting nicht einmal angehört werde.

Ich frage mich dann, welche Rolle hier Transparenz und Begründungen spielen, und mir ist das wichtig.

Ich habe für die Zukunft den Wunsch, dass wir die Vergabe von Plätzen bei Fahrten ins Ausland anhand von definierten Kriterien regeln, damit Entscheidungstransparenz herrschen kann.

GfK ist ein Tool, eine Haltung und vor allem ein Weg, um in Kontakt mit sich selbst zu kommen und eine Verbindung zum Gegenüber aufzubauen und zu verstehen. Die Frage ist dabei, was braucht der Sender und/oder der Empfänger und/oder was braucht die Situation. Dies wird als Basis für wichtige Entscheidungen, ebenso wie als Grundlage für ein (schwieriges) Gespräch oder als Vorbereitung um Konflikte zu lösen, genutzt. So dient das Modell sowohl im live oder remote Setting.

Take-Away 4.0

In diesem *essential* – Betonung liegt auf *essential* – zur wertschätzenden Gesprächsführung konnten wir immer wieder erkennen, dass Kommunikation auch die ein oder andere Hürde mit sich bringt, da sie nicht immer wertschätzend oder empathisch ist und mit Missverständnissen behaftet sein oder Konflikte auslösen kann. Nicht immer bewirkt ein Gespräch das, was das Ziel der Beteiligten war. Wir haben festgestellt, dass zwischenmenschlicher Kommunikation zwei Ebenen innewohnen: Eine Sachebene und eine Beziehungsebene. Mit dem Bewusstsein um diese beiden Ebenen und dem expliziten Bemühen um Ihre wertschätzende Gestaltung, können Sie Dialoge auch in Zeiten von New Work 4.0 wirksam gestalten – auch in herausfordernden Situationen oder mit schwierigen Gesprächspartnern.

Zusammenfassend eine Take-away Liste:

- Klarheit: Kommuniziere ich klar und genau?
- Transparenz und Information: Sind meine Informationen transparent und verständlich?
- Fokussierung: Bin ich zielorientiert und sortiert in mir?
- Wertschätzung: Ist meine Kommunikation wertebasiert und respektvoll – nehme ich mein Gegenüber ernst?
- Frage: Nachfragen sind erlaubt und sogar gewünscht, damit das Verständnis da ist?
- Aktives Zuhören: Höre ich aktiv zu?
- Werkzeuge: Hilfsmittel der Visualisierung oder ähnliche Methoden sind erlaubt.
- Zeiteinsatz: Habe ich genügend Zeit?

K. Keller, *Wertschätzende Gesprächsführung in der neuen Arbeitswelt 4.0*, essentials, https://doi.org/10.1007/978-3-662-68044-5_5

Eine erfolgreiche Bewältigung der heutigen Arbeitssituation im Unternehmen verlangt zunehmend eine konstruktive, dialogorientierte Form der Zusammenarbeit und stellt damit besonders hohe Anforderungen an das Selbstverständnis einer Führungskraft. Die Führungskräfte fungieren als Kommunikationsmanager – dabei ist jedes aus der Rolle heraus geführte Gespräch als ein Mitarbeitergespräch zu verstehen – ganz gleich, ob es remote oder face-to-face stattfindet.

Als geplantes, inhaltlich vorbereitetes Gespräch bietet gerade der gegenseitige Austausch in der institutionalisierten Form – auch in Zeiten von New Work 4.0 – enorme Möglichkeiten, um die Effektivität und Innovationskraft der Arbeitsleistung zu erhöhen und die Förderung von Talenten und insgesamt die Mitarbeiterzufriedenheit zu verstärken. Positive Effekte in der Entwicklung ergeben sich damit gleichermaßen für das Unternehmen, für den Mitarbeitenden und auch für die Führungskraft.

$$\text{Agil} + \text{NewWork4.0} = \text{Next Organisation}$$

Durch diese Formel und die vorangegangenen Ausführungen wird deutlich, dass bisherige Organisationsformen immer weniger geeignet sind, um den komplexen und volatilen Umfeldern von sich agilisierenden Unternehmen gerecht zu werden.

Agilität, New Work, Scrum, Lean Start up, Lean Management, Design Thinking, agile Prinzipien, Kanban, Teal Organisations, Augenhöhe, Haltung, Purpose … sind nur einige wenige Begriffe, die die aktuellen Einflüsse und Denkrichtungen beschreiben und nicht zuletzt vom Zukunftsinstitut bekräftigt werden.

Der Prozess zur dialogorientierten Organisation ist oftmals in Projekten auf zukünftig erfolgreiche Produkte und Dienstleistungen ausgerichtet. Ein echter Fokus auf das Gegenüber – ob Kunde, Mitarbeitender, Kooperationspartner, wird dabei zukünftig für organisatorische Anpassungsfähigkeit im Vordergrund stehen – nicht zuletzt getrieben von einer sich dynamisch entwickelnden Digitalisierung 4.0 und einer Sinnorientierung der Next Gen. Dabei wird wertschätzende Kommunikation der Schlüssel und somit die Bekräftigung sein, dass keine neue Arbeitswelt 4.0 ohne wertschätzende Gesprächsführung wirksam sein kann.

Was Sie aus diesem *essential* mitnehmen können

- Wesentliche Essenzen zum Thema wertschätzende Gesprächsführung in Zeiten von New Work 4.0
- Übersicht über zentrale Kommunikationsmodelle und deren Integration in den Alltag
- Vertiefende Methoden zur Gesprächsführung: Remote oder Face-toFace
- Selbsteinschätzungen und konkrete Handlungsempfehlungen für den beruflichen Alltag

Literatur

Allhoff, Dieter-W./ Allhoff, Waltraud: Rhetorik und Kommunikation – Ein Lehr- und Übungsbuch zur Rede- und Gesprächspädagogik, Bayrischer Verlag für Sprechwissenschaft, Regensburg 1998.

Geisen, Richard (Hrsg.): Grundwissen Kommunikation, Klett Verlag, Stuttgart 1999.

Bachmair, Sabine et al.: Beraten will gelernt sein, 5. Auflage, Beltz Verlag, Weinheim 1994.

Berckhan, Barbara: Die etwas intelligentere Art, sich gegen dumme Sprüche zu wehren. Kösel-Verlag, München, 1998.

Bernhard, Barbara Maria: Sprechen im Beruf – Der wirksame Einsatz der Stimme, öbv et hpt Verlagsgmbh, Wien 2003.

Bieger, Eckhard/Mügge, Jutta: Dynamisch – Motivierend – Sicher (Kompetenz für Kursleitung), Weiterbildung live Bd. 2, EB-Verlag, Rissen 1994.

Birkenbihl, Vera F.: Kommunikation für Könner....schnell trainiert. 4. Auflage, MVG-Verlag, München 1997.

Birkenbihl, Vera F.: Kommunikationstraining – Zwischenmenschliche Beziehungen erfolgreich gestalten, 16. Auflage, MVG-Verlag, München 1995.

Bliesener, Thomas/Brons-Albert, Ruth: Rollenspiele in Kommunikations- und Verhaltenstrainings, Westdeutscher Verlag, Opladen 1994.

Bredemeier, Karsten: Provokante Rhetorik? Schlagfertigkeit! Orell Füssli Verlag, Zürich 1996.

Briegel, Klaus: Souverän moderieren. Techniken, Praxisfälle, Checklisten. Luchterhand Verlag, Neuwied 2004.

Brons-Albert, Ruth: Auswirkungen von Kommunikationstraining auf das Gesprächsverhalten, Gunter Narr Verlag Tübingen, Tübingen 1995.

Boy, Jacques; Dudek, Christian; Kuschel, Sabine: Projektmanagement, 12. Auflage, Gabal Verlag, Offenbach 1994.

Dahms, Christoph und Matthias: Die Magie der Schlagfertigkeit - spontan mit Sprache spielen. 2., überarbeitete und erweiterte Auflage, Eigenverlag, Wermelskirchen 2000.

Dießner, Helmar Dr.: Neue gruppendynamische Übungen, Junfermann Verlag, Paderborn 2004.

Dommann, Dieter: Faire und unfaire Verhandlungsstrategien - und wie man sich gegen unfaire Taktiken wehren kann - VDE-Verlag, Frankfurt 1982.

Donnert, Rudolf: Soziale Kompetenz. Ein Praxisratgeber für ein kooperatives Arbeitsklima. Lexika Verlag, Würzburg 2003.

K. Keller, *Wertschätzende Gesprächsführung in der neuen Arbeitswelt 4.0*, essentials, https://doi.org/10.1007/978-3-662-68044-5

Edmüller, Andreas; Jiranek, Heinz: Konfliktmanagement, 2. Auflage, Jokers edition, Planegg/München 2007.

Eichenberger, Roland: Klartext reden - wie Sie wirkungsvoll kommunizieren. Verlag Gerth, Asslar, 1992.

FITTKAU, BERND; MÜLLER-WOLF, HANS-MARTIN, Schulz von Thun, Friedemann: Kommunizieren lernen (und umlernen). Trainingskonzeptionen und Erfahrungen. Westermann, Braunschweig 1977.

Espich, Gerald W.; Gruber, Walter; Kießel, Gerd-Georg; Langen, Helmut: Fit im Projektmanagement, Weka Media, Kissing 2008.

Grone-Lübke, Wibke; Petersen, Jörg: Moderieren können. Moderation in Theorie und Praxis. Auer Verlag, Donauwörth 2006.

Günther, Ullrich; Sperber, Wolfram: Handbuch für Kommunikations- und Verhaltenstrainer. Ernst Reinhardt Verlag, Weinheim und München 2003.

Gühr, Manfred; Nowak, Claus: Ein Übungsbuch zum konstruktiven Gespräch, 4. Überarbeitete und erweiterte Auflage, Limmer Verlag, Meezen, 2018.

Häfelinger, Michael: Vier Ohren hören mehr als zwei https://unternehmercoaches.de/blog/2009/10/08/vier-ohren-modell/, 2009, gefunden am 23.1.2023.

Heckt, Dietlinde H.; Krause, Gabriele; Jürgens, Barbara: Kommunizieren, Kooperieren, Konflikte lösen. Klinkhardt Verlag, Bad Heilbrunn/Obb. 2006.

Höfer, Ute: Lehren will gelernt sein. Reihe Kommunikation in Wirtschaft und Verwaltung Bd. 4, HFW Verlag, Rostock 1995.

Hindle, Tim: Besprechungen organisieren, Dorling Kindersley, München 2002.

Hovermann, Claudia: Erfolgsrhetorik für Frauen, Gabal Verlag, Offenbach 2004.

Kirsch, Anke: Gesprächstechniken. Aus: Handbuch Personalentwicklung. 90 Erg.-Lfg., April 2004, S. 2–22.

Kliebisch, Udo: Kommunikation und Selbstsicherheit. Verlag an der Ruhr, Mühlheim an der Ruhr 1995.

Knoll, Jörg: Kurs- und Seminarmethoden. Ein Trainingsbuch zur Gestaltung von Kursen und Seminaren, Arbeits- und Gesprächskreisen. 8., aktualisierte Auflage, Beltz Verlag, Weinheim und Basel, 1999.

Krämer, Sabine; Walter, Klaus-Dieter: Moderieren - gewusst wie. Gespräche leiten und moderieren. Lexika Verlag, Würzburg 2002.

Kriz, Jürgen: Grundkonzepte der Psychotherapie - Eine Einführung. Psychologie Verlags Union, Weinheim 1994.

Kunert, Kristian; Knill, Marcus: Team und Kommunikation. Verlag Sauerländer, Aarau 1999.

Lange, Gerhard: Rhetorik – Mit Worten gewinnen, 24. Auflage, Bonn 1985.

Langmaack, Barbara: Themenzentrierte Interaktion. 3. korrigierte Auflage, Beltz Verlag, Weinheim und Basel 2000.

Lumma, Klaus: Strategien der Konfliktlösung. Betriebliches Verhaltenstraining in Theorie und Praxis. Verlag Windmühle, Hamburg 1992.

Marmet, Otto: Ich und du und so weiter, 9. Auflage, Beltz, Weinheim 1999.

Meidinger, Hermann: Stärke durch Offenheit: Ein Trainingsprogramm zur Verbesserung der Kommunikations- und Konfliktfähigkeit von Lehrern. Cornelsen Verlag, Berlin 2000.

Missfeldt, Martin: Vier Gesichter (Kippbild, Ölmalerei). https://www.martin-missfeldt.de/oelbilder-2019/oelmalerei-kippbild-vier-gesichter, gefunden am 23.1.2023.

Müller Kurt R. (Hrsg.): Kurs- und Seminargestaltung, 5. neu ausgestattete Auflage, Beltz Verlag, Weinheim 1994.

Pesch, Ludger: Moderation und Gesprächsführung. Luchterhand Verlag, Neuwied, 2001.

Pöhm, Matthias: Nicht auf den Mund gefallen! 8., aktualisierte und erweiterte Auflage, MGV-Verlag, Landsberg am Lech 2000.

Pohl, Winfried; Sämann, Gisela: Effektive Kommunikation, expert verlag, Renningen 2003.

Rüttinger, Bruno; Sauer, Jürgen: Konflikt und Konfliktlösen. Kritische Situationen erkennen und bewältigen. 3. überarbeitete und ergänzte Auflage, Rosenberger Fachverlag, Leonberg 2000.

Rudolph, Ulrike: Karrierefaktor Networking, Haufe, eiburg 2004.

Scherer, Klaus R.: Non-verbale Kommunikation, Buske, Hamburg 2003.

Schulz von Thun, Friedemann: Miteinander Reden: 1 Störungen und Klärungen, Rowohlt, Reinbek bei Hamburg 1981.

Schulz von Thun, Friedemann: Miteinander Reden: 2 Stile, Werte und Persönlichkeitsentwicklung, Rowohlt, Reinbek bei Hamburg 1989.

Schulz von Thun, Friedemann: Miteinander Reden: 3 Das „Innere Team" und situationsgerechte Kommunikation, Rowohlt, Reinbek bei Hamburg 1998.

Seifert, Josef w.: Besprechungs-Moderation. Verlag Gabal, Offenbach 1995.

Seifert, Josef W.: Visualisieren, Präsentieren, Moderieren, 23. Auflage, Offenbach 2006.

Simon, Walter: Grundlagen der Kommunikation, Gabal Verlag, Offenbach 2004.

Sperling, Jan Bodo; Wasseveld, Jaqueline: Führungsaufgabe Moderation. Besprechungen, Teams, Projekte kompetent managen. 4. überarbeitete Auflage, Verlag wrs, Planegg 2000.

Sprenger, Reinhard K.: Das Prinzip Selbstverantwortung. Wege zur Motivation. Campus. Frankfurt/New York 2007.

Vopel, Klaus W.: Themenzentriertes Teamtraining Teil 1: Die Unternehmenskultur. Verlag Iskopress, Salzhausen 1994.

Vopel, Klaus W.: Themenzentriertes Teamtraining Teil 2: Die Teammitglieder. 2. Auflage, Verlag Iskopress, Salzhausen 1996.

Vopel, Klaus W.: Themenzentriertes Teamtraining Teil 3: Interaktion im Team. 2. Auflage, Verlag Iskopress, Salzhausen 1996.

Vopel, Klaus W.: Themenzentriertes Teamtraining Teil 4: Aufgaben und Projekte. 2. Auflage, Verlag Iskopress, Salzhausen 1996.

Wallenwein, Gudrun F.: Spiele: Der Punkt auf dem i, 5. neu ausgestattete Auflage, Beltz, Weinheim 2003.

Watzlawick, Paul; Beavin, Janet H.; Jackson, Don D.: Menschliche Kommunikation, 6. unveränderte Auflage, Verlag Hans Huber, Bern 1982.

Watzlawick, Paul: https://www.paulwatzlawick.de/axiome.html, gefunden am 20.1.2023.

Weidenmann, Bernd: Diskussionstraining. Überzeugen statt Überreden. Argumentieren statt attackieren. Rowohlt, Reinbek bei Hamburg, 1975.

Weidenmann, Bernd: Erfolgreiche Kurse und Seminare, Beltz Verlag, Weinheim 1995.

Weidenmann, Bernd: 100 Tipps und Tricks für Pinnwand und Flipchart. 3., neu ausgestattete Auflage, Beltz Verlag, Weinheim, Basel, Berlin 2003.

Wellhöfer, Peter R.: Schlüsselqualifikation Sozialkompetenz. Theorie und Trainingsbeispiele, Lucius & Lucius Verlag, Stuttgart 2004.

Wohlgemut, André C.: Moderation in Organisationen. Problemlösungsmethode für Führungskräfte und Berater. Haupt Verlag, Bern 1993.

Zalfen, Wolfgang: Spiel-Räume, 3. Auflage, Mathias-Grünewald-Verlag 1991.

Zimbardo, Philip G.; Gerrig, Richard J.: Psychologie. 7., neu übersetzte und bearbeitete Auflage, Springer Verlag, Berlin 1996.

Printed in the United States
by Baker & Taylor Publisher Services